W0183783

Bohner
Ihlenburg
Ott
Deusch

Mathematik für berufliche Gymnasien

Jahrgangsstufen 1 und 2

Analysis und Stochastik

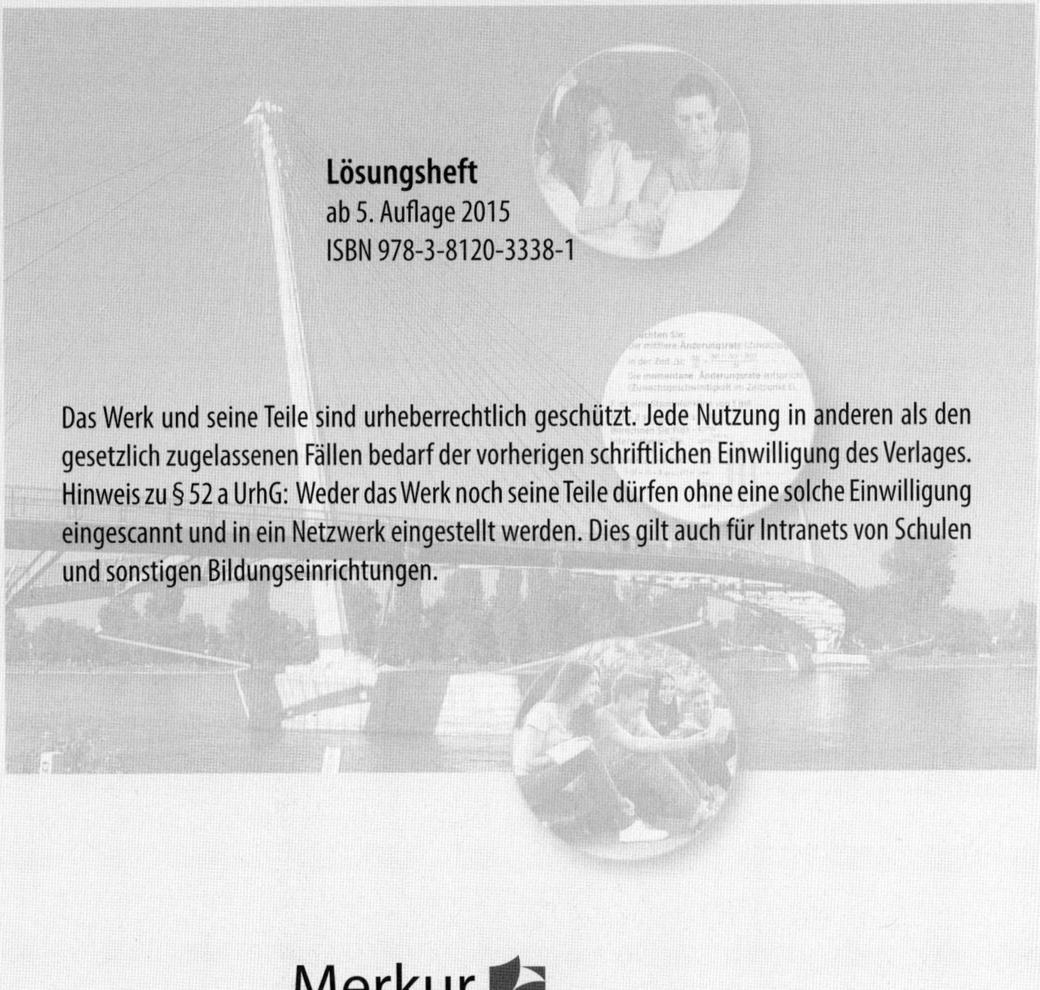

Lösungsheft

ab 5. Auflage 2015
ISBN 978-3-8120-3338-1

Merkur
Verlag Rinteln

Lehrbuch Seite 13

1 Änderungsraten von f mit $f(x) = \frac{1}{4}x^2 - x + 1$

a) [1; 1,5]: $\frac{f(1{,}5) - f(1)}{1{,}5 - 1} = -0{,}375$

b) [− 4; − 2,5]: $\frac{f(-2{,}5) - f(-4)}{-2{,}5 - (-4)} = -2{,}625$

c) [2; t] mit t > 2: $\frac{f(t) - f(2)}{t - 2} = \frac{1}{4}(t - 2)$

d) [3; 3 + h] mit h > 0: $\frac{f(3 + h) - f(3)}{h} = \frac{1}{2} + \frac{1}{4}h$

2 $f(x) = \frac{3}{4}x^2 - 3x$

a) Mittlere Änderungsrate in [2; 5]:

$\frac{f(5) - f(2)}{5 - 2} = 2{,}25$

b) Sekante g durch P(2 | − 3) und

Q(5 | 3,75):

g: y = 2,25x − 7,5

Schaubilder von f und g:

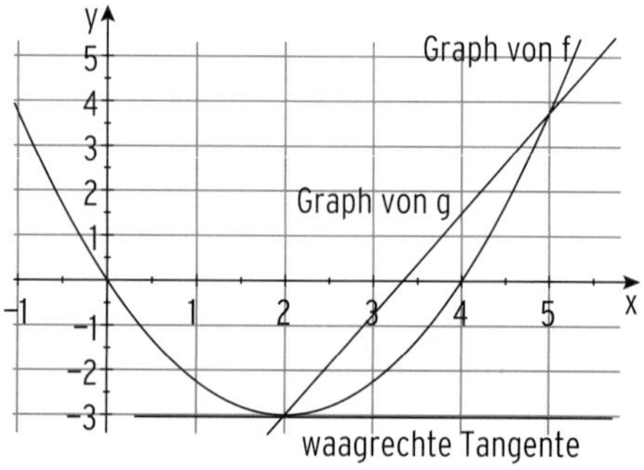

c) Momentane Änderungsrate in x = 2:

$\frac{f(2 + h) - f(2)}{h} = \frac{3}{4}h \to 0$ für $h \to 0$

Die Steigung des Graphen von f an der Stelle x = 2 ist null, waagrechte Tangente.

3 Die Zunahme der Wasserstoffmenge pro s nimmt ab.

Mittlere Änderungsrate

[2; 4]: $\frac{\Delta y}{\Delta x} = \frac{30{,}5 - 21}{2} = 4{,}75$

[4; 8]: $\frac{\Delta y}{\Delta x} = \frac{40{,}5 - 30{,}5}{4} = 2{,}5$

[8; 12] : $\frac{\Delta y}{\Delta x} = \frac{43 - 40{,}5}{4} = 0{,}625$

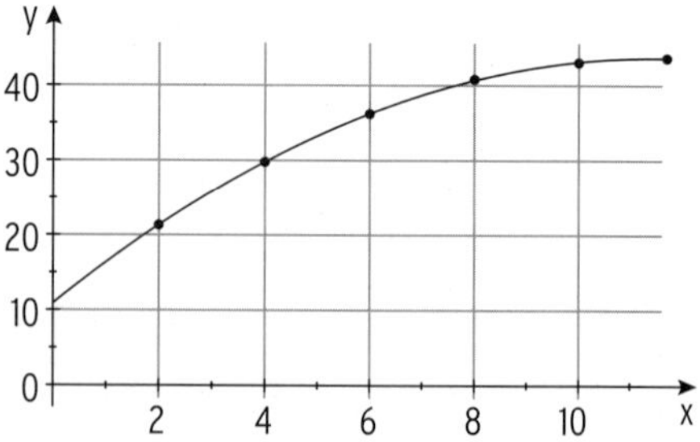

Lehrbuch Seite 13

4 $T(t) = 20 + 70e^{-0,1t};\ t \geq 0$

a) Anfängliche Temperatur 90 °C: $T(0) = 90$

b) $T(t) \rightarrow 20$ für $t \rightarrow \infty$

Der Pudding hat eine Temperatur von etwa 20 °C.

c) Die Abkühlgeschwindigkeit ist zu Beginn (bei t = 0) am größten.

Die Kurve fällt am steilsten.

d) Durchschnittliche Temperaturänderung: $\frac{f(10) - f(0)}{10} = -4,425$

Der negative Wert bedeutet eine Temperaturabnahme. Die durchschnittlicheTemperaturabnahme für die ersten 10 Minuten beträgt 4,4 °C/min.

5 $$\frac{f(x_0 + h) - f(x_0 - h)}{2h} = \frac{(x_0 + h)^2 - (x_0 + h) - 1 - (x_0 - h)^2 + (x_0 - h) + 1}{2h}$$

$= \frac{4x_0h - 2h}{2h} = 2x_0 - 1 = f'(x_0)$ (Ableitung an einer Stelle x_0)

Lehrbuch Seite 14

6 $s(t) = 5t^2$

Momentane Geschwindigkeit

in t = 1: $\frac{f(1 + h) - f(1)}{h} = 10 + 5h \rightarrow 10$	für $h \rightarrow 0$	$v = 10\,\frac{m}{s}$
in t = 2: $\frac{f(2 + h) - f(2)}{h} = 20 + 5h \rightarrow 20$	für $h \rightarrow 0$	$v = 20\,\frac{m}{s}$
in t = 3: $\frac{f(3 + h) - f(3)}{h} = 30 + 5h \rightarrow 30$	für $h \rightarrow 0$	$v = 30\,\frac{m}{s}$

7 a) Zeichnung

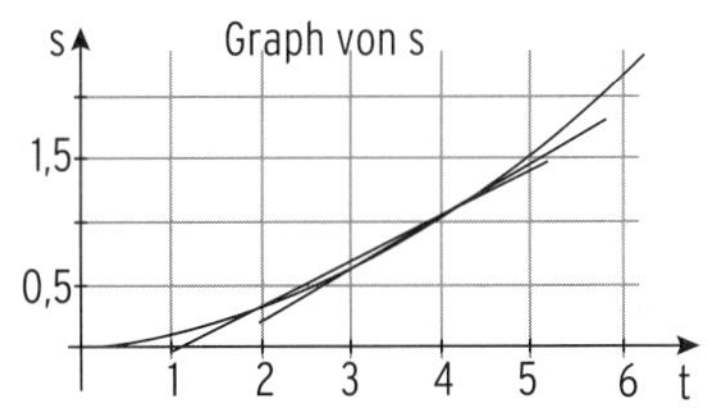

b) Die Steigung m_s der Sekante durch

P(2 | 0,32) und

Q(4 | 1,04) ist $m_s = 0,36$;

m_s ist die Maßzahl

der mittleren Geschwindigkeit über dem Intervall [2; 4].

c) Die Steigung der Tangente in Q(4 | 1,04) ist $m_t = 0,46$;

m_t ist die Maßzahl der Momentangeschwindigkeit im Zeitpunkt t = 4.

Lehrbuch Seite 14

8 $m_S = \frac{K(3) - K(2)}{3 - 2} = 1728 - 1440 = 288$
Die Steigung der Sekante durch
P(2 | 1440) und Q (3 | 1728) ist 288.
Die Steigung der Tangente t in Q ist
$m_t \approx 315$; m_t ist der momentane Zugewinn bezogen auf ein Jahr;
$\frac{315}{360}$ ist der momentane tägliche Zugewinn.

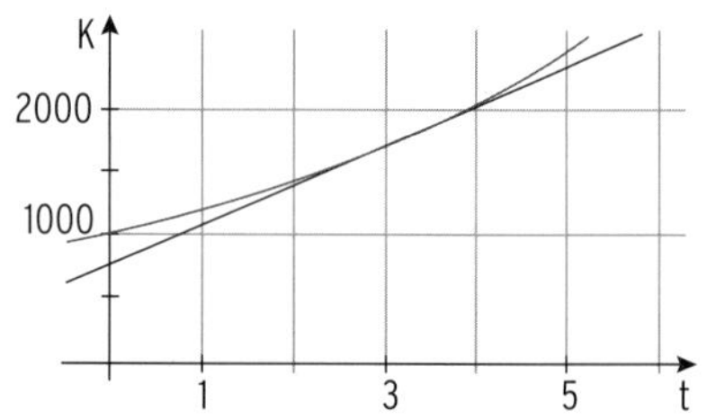

9 a) Die Beschleunigung (Steigung) ist in t = 0 am größten, danach nimmt sie ab und strebt gegen Null.

b) $v'(0) \approx 5$; maximale Beschleunigung $5\,\frac{m}{s^2}$

10 Größte Änderungsrate von h
für z. B. t = 12
$m = \frac{220}{3} = 73$
Die größte Änderungsrate von h beträgt 73 cm pro Stunde.

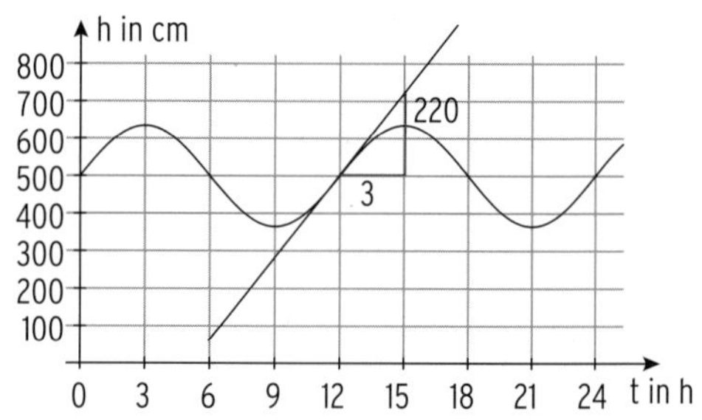

Lehrbuch Seite 16

1 Ableitung von f an den Stellen x = 2 und x = u.

a) $f(x) = x^2 + 3$

$\frac{f(2 + h) - f(2)}{h} = 4 + h$ Für $h \to 0$ gilt: $4 + h \to 4$ $f'(2) = 4$

$\frac{f(u + h) - f(u)}{h} = 2u + h$ Für $h \to 0$ gilt: $2u + h \to 2u$ $f'(u) = 2u$

Lehrbuch Seite 16

1 Ableitung von f an den Stellen x = 2 und x = u.

b) $f(x) = -2x^2 - 5$

$$\frac{f(2+h) - f(2)}{h} = \frac{-2(2+h)^2 - 5 + 13}{h} = \frac{-2h^2 - 8h}{h} = -8 - 2h$$

Für $h \to 0$ gilt: $-8 - 2h \to -8$ $\quad f'(2) = -8$

$$\frac{f(u+h) - f(u)}{h} = \frac{-2(u+h)^2 - 5 + 2u^2 + 5}{h} = \frac{-2h^2 - 4uh}{h} = -4u - 2h$$

Für $h \to 0$ gilt: $-4u - 2h \to -4u$ $\quad f'(u) = -4u$

c) $f(x) = x^2 + 4x$

$\frac{f(2+h) - f(2)}{h} = h + 8$ $\quad$ Für $h \to 0$ gilt: $8 + h \to 8$ $\quad f'(2) = 8$

$\frac{f(u+h) - f(u)}{h} = 2u + h + 4$ $\quad$ Für $h \to 0$ gilt: $2u + h + 4 \to 2u + 4$: $f'(u) = 2u + 4$

d) $f(x) = 5$

$\frac{f(2+h) - f(2)}{h} = \frac{5-5}{h} = 0$ $\quad f'(2) = 0$

$\frac{f(u+h) - f(u)}{h} = \frac{5-5}{h} = 0$ $\quad f'(u) = 0$

Lehrbuch Seite 21

1 a) $f'(x) = -8x^3 + 6x - 4$ $\quad$ b) $f'(x) = 2x^3 - 3x^2 + 5x$

c) $f'(x) = x^3 + \frac{9}{8}x^2 - \frac{8}{5}x$ $\quad$ d) $f'(x) = \frac{3}{32}x^2 + \frac{3}{7} + \frac{4}{x^2}$

e) $f'(x) = -4x^3 - 12x$ $\quad$ f) $f'(x) = -\frac{5}{3}x + \frac{2}{3}$

g) $f(x) = -(x-6)^2(x+1) = -x^3 + 11x^2 - 24x - 36 \Rightarrow f'(x) = -3x^2 + 22x - 24$

h) $f(x) = 0{,}5(x^2 - 2)^2 = \frac{1}{2}(x^4 - 4x^2 + 4) \Rightarrow$ $\quad f'(x) = \frac{1}{2}(4x^3 - 8x) = 2x^3 - 4x$

i) $f'(x) = \frac{1}{16}(5x^4 + 3x^2)$

j) $A(u) = u^3 - 1{,}5u^2 - 4u$ $\quad \Rightarrow A'(u) = 3u^2 - 3u - 4$

k) $I'(t) = 0{,}5t^3 - 3t$

l) $f(x) = \frac{1}{8}(x^3 - 13x^2 + 28x - 16) \Rightarrow$ $\quad f'(x) = \frac{1}{8}(3x^2 - 26x + 28)$

m) $f'(x) = 2ax + b - \frac{d}{x^2}$ $\quad$ n) $K'(x) = 3ax^2 + 2bx + c$

Lehrbuch Seite 21

2

a) $f'(x) = 6e^x$

b) $f'(x) = -7e^x$

c) $f'(x) = x + 4 + 5e^x$

d) $f'(x) = -\frac{3}{4}e^x - e$

e) $f(x) = e^x(e^{-x} - 3) = 1 - 3e^x \Rightarrow$ $f'(x) = -3e^x$

f) $f'(x) = \frac{1}{4}e^x - 15x^2$

3

a) $f'(x) = 2 - 3\cos(x)$

b) $f'(t) = 2t^3 - 1 - 5\sin(t)$

c) $f'(x) = -4\sin(x) - 8\cos(x)$

d) $A'(u) = -\frac{1}{2}\cos(u)$

4

a) $f'(x) = 1{,}25(-\sin(x) + 2e^x)$

b) $f(x) = t^2(x^3 - 8x^2) \Rightarrow f'(x) = t^2(3x^2 - 16x)$

c) $f'(x) = \frac{a}{2} + ae^x$

d) $f'(x) = \sin(\frac{\pi}{6})e^x + 2e^3x$

e) $f'(u) = 7\cos(u) - 3e^u$

f) $f'(x) = 3x^2 - 4x + 4 - \frac{3}{x^2} - 2{,}5x^{-0{,}5}$

5 Weg-Zeit-Gesetz: $s(t) = 5t^2 + 3t + 8$

Geschwindigkeits-Zeit-Gesetz: $s'(t) = v(t) = 10t + 3$

Beschleunigungs-Zeit-Gesetz: $v'(t) = 10$

6 $K(x) = 0{,}2x^3 - 2{,}6x^2 + 13{,}2x + 8$; $E(x) = 8x$

Gewinnfunktion: $G(x) = E(x) - K(x) = -0{,}2x^3 + 2{,}6x^2 - 5{,}2x - 8$

Grenzgewinnfunktion: $G'(x) = -0{,}6x^2 + 5{,}2x - 5{,}2$

7 $Q(t) = 0{,}06(1 - e^{-0{,}08t})$; $I(t) = Q'(t) = 0{,}0048\, e^{-0{,}08t}$

$I(0) = 0{,}0048$

$I(10) = 0{,}0022$

Am Anfang beträgt die Stromstärke 4,8 mA, nach 10 Sekunden 2,2 mA.

Lehrbuch Seite 24

1 a) $f'(x) = -4e^{-4x} - 4e^{4x}$

b) $f'(x) = 3{,}75e^{0{,}015x}$

c) $f'(x) = \frac{1}{4}e^{-0{,}5x-1}$

d) $f'(x) = \frac{3}{2}e^{-5x^2-3x}(-10x - 3)$

e) $f'(x) = -\frac{1}{5}te^{2-x}$

f) $f'(x) = 4 + te^{1-tx}$

g) $f'(x) = 20\cos(5x - 3)$

h) $f'(x) = -12\sin(4(x - 2))$

2 a) $f'(x) = t + e^{x+t}$

b) $f'(x) = t(-e^{-x} - 6x)$

c) $f(x) = -4 - 12e^x \Rightarrow f'(x) = -12e^x$

d) $f'(x) = -6x - 1 - \ln(2)e^{\ln(2)\cdot x}$

e) $f'(x) = -e^{t-x} - 2te^{-tx}$

f) $f'(x) = -3te^{2-3x} - 12xe^{x^2+3}$

g) $f'(x) = 4\cos(2x)$

h) $f'(x)= 4\sin(4x - \pi)$

i) $f'(x) = \pi - \sin(1 - x)$

j) $f'(x) = t^2\cos(tx) - 1$

k) $f'(x) = \frac{1}{t}\sin(\frac{x}{t})$

l) $f'(x) = \pi(te^{tx} - \sin(x + t))$

3 $f(x) = \cos(2x)$; $f'(x) = -2\sin(2x)$

$f'(0) = 0$; $f'(\frac{\pi}{8}) = -\sqrt{2}$; $f'(\frac{\pi}{4}) = -2$

4 $f(x) = e^x + 3e^{-x}$; $x \in \mathbb{R}$; $f'(x) = e^x - 3e^{-x}$

$f'(0) = -2 < 0$; $f'(1) = e - 3e^{-1} > 0$; $f'(-1) = e^{-1} - 3e < 0$

$f'(1)$ ist der größte Ableitungswert.

5 $T(t) = 20 + 50e^{-0{,}07t}$; $T'(t) = -3{,}5e^{-0{,}07t}$

$T'(0) = -3{,}5$; $T'(20) = -0{,}863$; $T'(100) = -0{,}0032$

Die Temperaturabnahme am Anfang beträgt 3,5 °C pro Minute.

DieTemperaturabnahme pro Minute ist am Anfang am größten, sie nimmt ab und strebt gegen null für $t \to \infty$.

6 $f(x) = h(u(x))$

a) $u(x) = 5x + 1$, $h(u) = 4u - 3 \Rightarrow f(x) = 4(5x + 1) - 3$ und $f'(x) = 20$

b) $u(x) = 2x + 3$, $h(u) = e^{3u+1} \Rightarrow f(x) = e^{3(2x+3)+1}$ und $f'(x) = 6e^{6x+10}$

c) $u(x) = x - 3$, $h(u) = 4\sin(u) \Rightarrow f(x) = 4\sin(x - 3)$ und $f'(x) = 4\cos(x - 3)$

d) $u(x) = x^2 + 7$, $h(u) = 3u \Rightarrow f(x) = 3x^2 + 21$ und $f'(x) = 6x$

e) $u(x) = \cos(\frac{\pi}{2}x)$: $h(u) = 2u \Rightarrow f(x) = 2\cos(\frac{\pi}{2}x)$ und $f'(x) = -\pi\sin(\frac{\pi}{2}x)$

f) $u(x) = 1 - 6x$: $h(u) = \cos(2u - 1)$

$f(x) = \cos(2(1 - 6x) - 1) = \cos(1 - 12x)$ und $f'(x) = 12\sin(1 - 12x)$

Lehrbuch Seite 25

1 a) $f'(x) = 2(x + t) - 2e^{2x-3}$
b) $f'(x) = -3e^x(1 - e^x)^2$
c) $f'(x) = 4 + 2 \cdot \cos(x) \cdot \sin(x)$
d) $f'(x) = 2\sin(x)\cos(x) = \sin(2x)$
e) $f'(x) = 2(e^{2x} + e^{-x})(2e^{2x} - e^{-x})$
f) $f(x) = -e^{2x} - 2e^x + 3 \Rightarrow f'(x) = -2e^{2x} - 2e^x$
g) $f'(x) = 4(x + 1)^3$
h) $f'(x) = -4e^{2x}(a - e^{2x})$
i) $f(x) = e^{-\frac{1}{2}x^2 + 3} \Rightarrow f'(x) = -x\,e^{-\frac{1}{2}x^2 + 3}$

2 a) $f(x) = (2 - 3x)^2$

Mit Kettenregel: $f'(x) = 2 \cdot (2 - 3x)^1 \cdot (-3) = -12 + 18x$

Ausmultiplizieren: $f(x) = 4 - 12x + 9x^2 \Rightarrow f'(x) = -12 + 18x$

b) $f(x) = (3 - e^{-x})^2$

Mit Kettenregel: $f'(x) = 2 \cdot (3 - e^{-x})^1 \cdot e^{-x} = 6e^{-x} - 2e^{-2x}$

Ausmultiplizieren: $f(x) = 9 - 6e^{-x} + e^{-2x} \Rightarrow f'(x) = 6e^{-x} - 2e^{-2x}$

c) $f(x) = (1 + \sin(x))^2$

Mit Kettenregel: $f'(x) = 2 \cdot (1 + \sin(x))^1 \cdot \cos(x) = 2\cos(x) + 2\sin(x) \cdot \cos(x)$

Ausmultiplizieren: $f(x) = 1 + 2\sin(x) + (\sin(x))^2$

$f'(x) = 2\cos(x) + 2\sin(x) \cdot \cos(x)$

Lehrbuch Seite 27

1 a) $f'(x) = (x + 2)e^x$
b) $f'(x) = 2x\sin(x) + x^2\cos(x)$
c) $f'(x) = 3(\cos(2x) - 2x\sin(2x))$
d) $f'(x) = e^{-0,5x}(-3,5 + x)$
e) $f'(x) = (t + 1)((\cos(x))^2 - (\sin(x))^2)$
f) $f'(x) = 1 - e^{-x+1}(1 - x)$
g) $f'(x) = 5(4x - 11)e^{4x-3}$
h) $f'(x) = -\frac{x}{2}\sin(x + 1) + \frac{1}{2}\cos(x + 1)$
i) $f'(x) = 2t^2\sin(x)\cos(x)$

2 a) $f'(x) = \frac{1}{2}x^3 - 2x^2 = 0$ für $x_{1|2} = 0$; $x_3 = 4$

b) $f'(x) = -\sin(x)\cos(x) = 0$ für $-2 < x < 2$

Für $x_1 = 0$; $x_{2|3} = \pm\frac{\pi}{2}$

c) $f'(x) = ae^{-0,25x}(1 - \frac{1}{4}x) = 0$ für $x_1 = 4$; Bemerkung: $ae^{-0,25x} \neq 0$

d) $f'(x) = \frac{1}{4}(x^2 - 2)(5x^2 - 2) = 0$ für $x_{1|2} = \pm\sqrt{2}$; $x_{3|4} = \pm\sqrt{0,4}$

Lehrbuch Seite 27

3 $f(x) = 4x^2e^{3-2x}$; $f'(x) = 4e^{3-2x}(-2x^2 + 2x)$

Bedingung: $f'(x) = 0$ — $x_1 = 0$; $x_2 = 1$

Kurvenpunkte: — $E_1(0 \mid 0)$; $E_2(1 \mid 4e)$

Bemerkung: $x_1 = 0$ doppelte Nullstelle von f $\Rightarrow$ Berührstelle

4 a) $f'(x) = \frac{3}{7}x^2 + 3$ b) $f'(x) = \frac{1}{4}(-4x) = -x$

c) $f'(x) = 2x + (x + 1)e^x$ d) $f'(x) = e^{2x}(2\sin(3x) + 3\cos(3x))$

e) $f'(x) = \cos(x)e^{\sin(x)}$

f) $f'(x) = 8x + e^{3x-5}(3x^2 + 2x)$

g) $f(x) = e^{4x}(x - x^2) \Rightarrow$ $f'(x) = e^{4x}(1 + 2x - 4x^2)$

h) $f(a) = 1 + 3e^a \Rightarrow$ $f'(a) = 3e^a$

i) $f'(u) = -\frac{5}{u^2} + u^{-0,5}$

j) $f'(x) = 3e^{-ax}(1 - ax)$

k) $f'(t) = 2tx^3 + 4tx$

l) $f'(x) = 2xe^{x^2} + e^x$

5 a) $f(x) = (x^2 - 4)(3x + 5)$

Mit Produktregel: $f'(x) = 2x(3x + 5) + (x^2 - 4) \cdot 3 = 9x^2 + 10x - 12$

Ohne Produktregel: $f(x) = 3x^3 + 5x^2 - 12x - 20 \Rightarrow f'(x) = 9x^2 + 10x - 12$

b) $f(x) = e^x(e^x + 3)$

Mit Produktregel: $f'(x) = e^x(e^x + 3) + e^x \cdot e^x = 2e^{2x} + 3e^x$

Ohne Produktregel: $f(x) = e^{2x} + 3e^x \Rightarrow f'(x) = 2e^{2x} + 3e^x$

Lehrbuch Seite 28

1 a) $f'(x) = -3x^2 - 4x + 5$ $f''(x) = -6x - 4$

b) $f'(x) = -\frac{1}{6}(5x^4 - 3x^2 - 2x)$ $f''(x) = -\frac{1}{6}(20x^3 - 6x - 2)$

c) $f'(x) = 2\cos(2x - 1) + \sin(x)$ $f''(x) = -4\sin(2x - 1) + \cos(x)$

d) $g'(a) = 3 - e^{2-a}$ $g''(a) = e^{2-a}$

Lehrbuch Seite 28

1 e) $f(x) = -\frac{3}{2}x^4 - \frac{15}{2}x^2$; $f'(x) = -6x^3 - 15x$; $f''(x) = -18x^2 - 15$

f) $f'(x) = \frac{3}{8}(x-1)^2$ $\quad f''(x) = \frac{3}{4}(x-1)$

g) $f'(x) = (-6x+1)e^{-x}$ $\quad f''(x) = (6x-7)e^{-x}$

h) $f'(x) = -ae^{-x} - 2be^{-2x}$ $\quad f''(x) = ae^{-x} + 4be^{-2x}$

i) $f'(x) = -2\cos(x)\sin(x)$ $\quad f''(x) = -2((\cos(x))^2 - (\sin(x))^2)$

j) $A'(u) = (-u^2 + 2u + 2)e^{-u}$ $\quad A''(u) = (u^2 - 4u)e^{-u}$

k) $f'(x) = -\frac{1}{2}\pi\cos(\pi x) - 2x$ $\quad f''(x) = \frac{1}{2}\pi^2\sin(\pi x) - 2$

l) $f(x) = \frac{3}{8}x^3 - 3x^2 + 6x$; $f'(x) = \frac{9}{8}x^2 - 6x + 6$; $f''(x) = \frac{9}{4}x - 6$

m) $f'(x) = 4ax^3 + 4ax$ $\quad f''(x) = 12ax^2 + 4a$

n) $f'(x) = 3ax^2 + 2bx + c$ $\quad f''(x) = 6ax + 2b$

o) $f'(x) = -\frac{2}{x^2} - 2x$ $\quad f''(x) = \frac{4}{x^3} - 2$

p) $f'(t) = 0{,}06t^2 + 36t + 256$ $\quad f''(t) = 0{,}12t + 36$

2 $f(x) = (1 - x^2)e^x$; $f'(x) = (1 - 2x - x^2)e^x$; $f''(x) = (-1 - 4x - x^2)e^x$

Bestätigung durch Einsetzen in $f(x) = -f''(x) + 2f'(x) - 2e^x$.

3 $f(x) = a \cdot \sin(ax)$; $a \neq 0$; $\quad f'(x) = a^2 \cdot \cos(ax)$; $f''(x) = -a^3 \cdot \sin(ax)$

$f'''(x) = -a^4 \cdot \cos(ax)$; $f^4(x) = a^5 \cdot \sin(ax)$

Vermutung für die n-te Ableitung (n gerade):

Für n = 2, 6, 10, ... $f^n(x) = -a^{n+1} \cdot \sin(ax)$

Für n = 4, 8, 12, ... $f^n(x) = a^{n+1} \cdot \sin(ax)$

4 $f(x) = tx^3 - 5x^2 + 3tx - 6t$; $f'(x) = 3tx^2 - 10x + 3t$; $f''(x) = 6tx - 10$

$f'(1) = 6t - 10$; $f''(1) = 6t - 10$; $f''(0) = -10$; $f''(-1) = -6t - 10$

5 Kostenfunktion: $\quad K(x) = 0{,}25x^3 - 0{,}5x^2 + 2x + 12$

Differenzialkosten: $\quad K'(x) = 0{,}75x^2 - x + 2$

Ableitung der Differenzialkosten: $\quad K''(x) = 1{,}5x - 1$

Lehrbuch Seite 30

1 Aus der Abbildung: $f'(0) = 30$ und $f'(3) \approx 0$

Die Grenzkosten sind zu Beginn wesentlich höher als in $x = 3$ (Wendestelle).

$f'(1) > f'(2)$ w. A.

$f'(4) < 0$ f. A.

$f'(x) > 0$ für $1 \le x \le 6$ w. A.

Der Graph von f ist streng monoton wachsend auf [1 ; 6].

2 $f(x) = 3x^3 - 5x^2$; $f'(x) = 9x^2 - 10x$

$f'(-1) = 19$

Schnittpunkte mit der x-Achse mit Steigung

$N_1(0 \mid 0)$ mit $f'(0) = 0$ waagrechte Tangente; $N_2(\frac{5}{3} \mid 0)$ mit $f'(\frac{5}{3}) = \frac{25}{3}$

$f'(x) = 0 \Leftrightarrow x = 0 \vee x = \frac{10}{9}$

Punkte mit einer waagrechten Tangente: $E_1(0 \mid 0)$; $E_2(\frac{10}{9} \mid -\frac{500}{243})$.

3 $f(x) = e^{-\frac{1}{3}x} + 4x + 5$; $f'(x) = -\frac{1}{3}e^{-\frac{1}{3}x} + 4$

$f'(-2) = -\frac{1}{3}e^{\frac{2}{3}} + 4$; $f'(0) = \frac{11}{3}$; $f'(3) = -\frac{1}{3}e^{-1} + 4$

$f'(x_0)$ ist die Steigung des Graphen von f an der Stelle x_0.

Lehrbuch Seite 35

1 a) $f(x) = -\frac{1}{4}x^2(x - 6)$

$A(1 \mid \frac{5}{4})$: $y = \frac{9}{4}x - 1$

$B(-1 \mid \frac{7}{4})$: $y = -\frac{15}{4}x - 2$

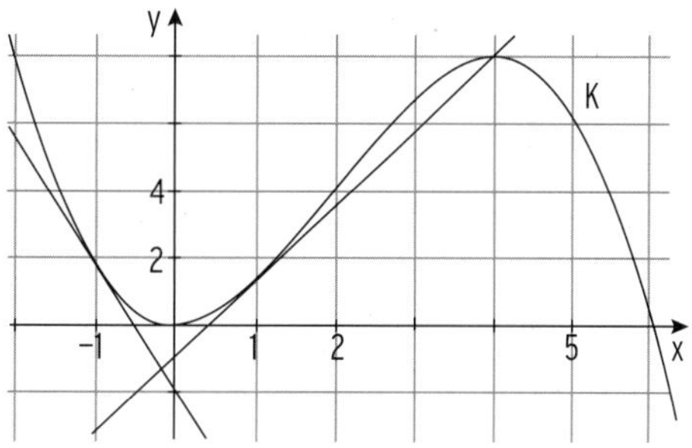

b) $f(x) = \frac{1}{4}x^4 - \frac{3}{2}x^2$

$f'(x) = x^3 - 3x$

$A(-2 \mid -2)$: $y = -2x - 6$

$B(\sqrt{3} \mid -\frac{9}{4})$: $y = -2{,}25$

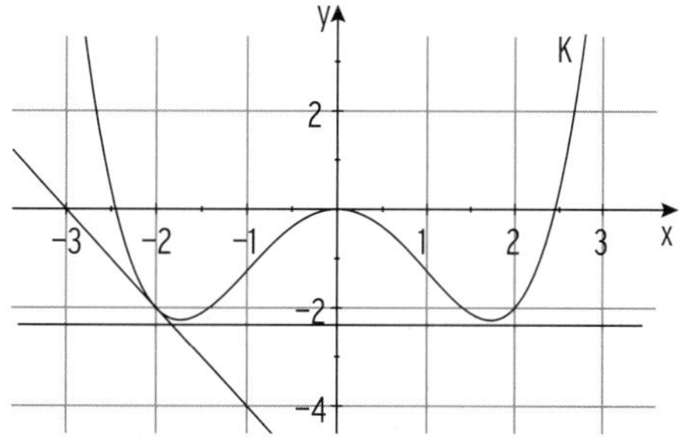

Lehrbuch Seite 35

2 a) $f(x) = \frac{1}{6}x^3 - x^2 + \frac{11}{6}x$; P(2 | 1)

$f'(x) = \frac{1}{2}x^2 - 2x + \frac{11}{6}$

Tangente t: $y = -\frac{1}{6}x + \frac{4}{3}$

Normale n: $y = 6x - 11$

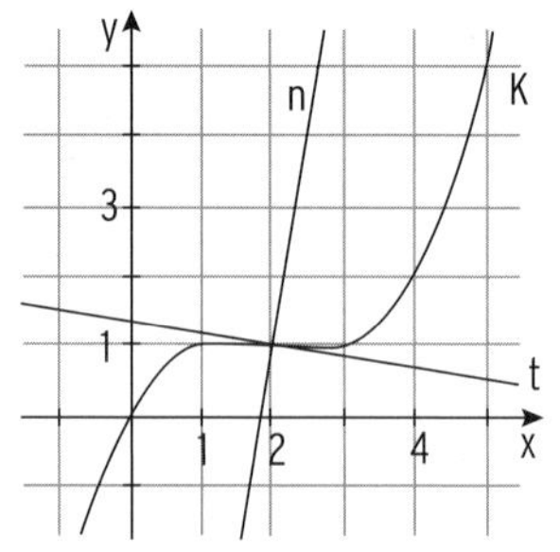

b) $f(x) = \frac{1}{2}e^{-2x+3}$; $P(1 \mid \frac{1}{2}e)$

$f'(x) = -e^{-2x+3}$

Tangente t: $y = -ex + \frac{3}{2}e$

Normale n: $y = \frac{1}{e}x - \frac{1}{e} + \frac{1}{2}e$

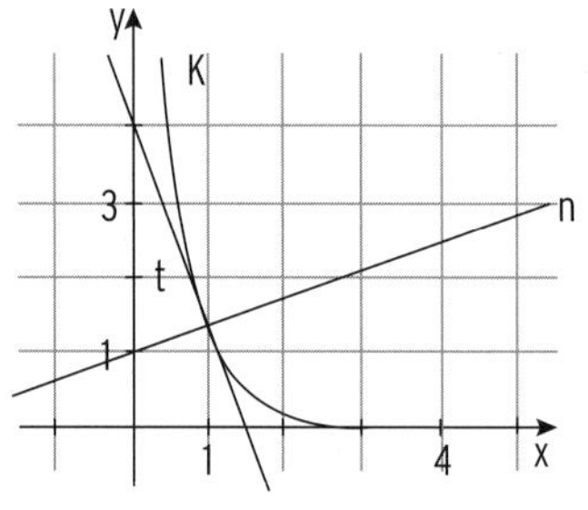

c) $f(x) = 3(2x-1)e^{x-0,5}$; P(0,5 | 0)

$f'(x) = 3(2x+1)e^{x-0,5}$

Tangente t: $y = 6x - 3$

Normale n: $y = -\frac{1}{6}x + \frac{1}{12}$

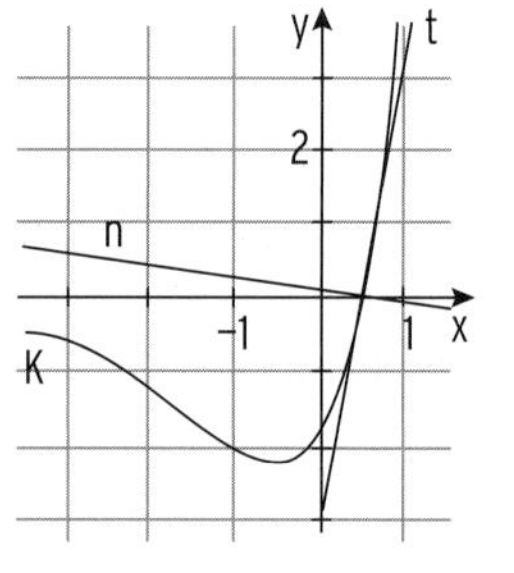

d) $f(x) = 2\sin(0,5x)$; $P(0,5\pi \mid \sqrt{2})$

$f'(x) = \cos(0,5x)$

Tangente t: $y = \frac{1}{2}\sqrt{2}\,(x - \frac{\pi}{2}) + \sqrt{2}$

Normale n: $y = -\sqrt{2}\,(x - \frac{\pi}{2}) + \sqrt{2}$

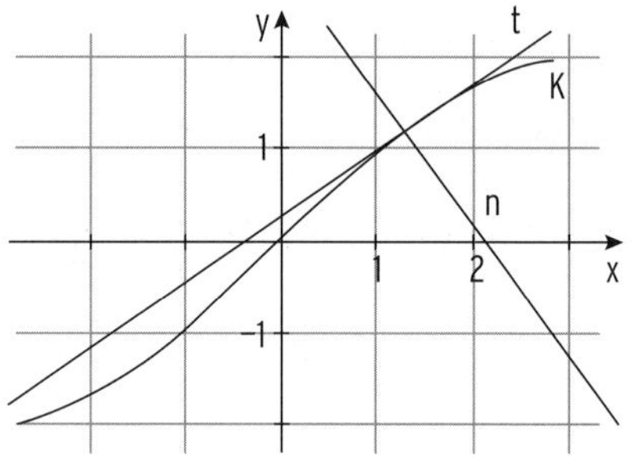

Lehrbuch Seite 35

3 $f(x) = \frac{1}{4}x^2(x-3) = \frac{1}{4}x^3 - \frac{3}{4}x^2$; $f'(x) = \frac{3}{4}x^2 - \frac{3}{2}x$

a) Tangente in $W(1 \mid -\frac{1}{2})$: $y = -\frac{3}{4}x + \frac{1}{4}$

Normale in W: $y = \frac{4}{3}x - \frac{11}{6}$

b) Stellen mit Steigung $\frac{9}{4}$

Bedingung: $f'(x) = \frac{9}{4}$ $\frac{3}{4}x^2 - \frac{3}{2}x = \frac{9}{4}$

Lösungen: $x_1 = 3$; $x_2 = -1$

Tangente in $x_1 = 3$: $y = \frac{9}{4}x - \frac{27}{4}$

Tangente in $x_2 = -1$: $y = \frac{9}{4}x + \frac{5}{4}$

c) Stellen mit Steigung $-\frac{2}{3}$ (negativer Kehrwert)

Bedingung: $f'(x) = -\frac{2}{3}$

Stellen: $x_1 = \frac{4}{3}$; $x_2 = \frac{2}{3}$

Tangente in $x_1 = \frac{4}{3}$: $y = -\frac{2}{3}x + \frac{4}{27}$

Tangente in $x_2 = \frac{2}{3}$: $y = -\frac{2}{3}x + \frac{5}{27}$

d) Punkte mit waagrechter Tangente

Bedingung: $f'(x) = 0$

Stellen: $x_1 = 0$; $x_2 = 2$

Punkte: $O(0 \mid 0)$; $E(2 \mid -1)$

e) Stellen mit Steigung $-\frac{5}{12}$ (negativer Kehrwert)

Bedingung: $f'(x) = -\frac{5}{12}$

Stellen: $x_1 = \frac{5}{3}$; $x_2 = \frac{1}{3}$

Kurvenpunkte: $P_1(\frac{5}{3} \mid -\frac{25}{27})$; $P_2(\frac{1}{3} \mid -\frac{2}{27})$

Lehrbuch Seite 35

4 $f(x) = \frac{1}{8}x^3 - \frac{3}{2}x^2 + \frac{9}{2}x$; $f'(x) = \frac{3}{8}x^2 - 3x + \frac{9}{2}$

Tangente in W: $y = -\frac{3}{2}x + 8$; Normale in W: $y = \frac{2}{3}x - \frac{2}{3}$

Schnittpunkt der Tangente mit der x-Achse: $S_x(\frac{16}{3} \mid 0)$

Schnittpunkt der Normalen mit der x-Achse: $S_x(1 \mid 0)$

Flächeninhalt des Dreiecks: $A = \frac{1}{2} \cdot (\frac{16}{3} - 1) \cdot 2 = \frac{13}{3}$

5 $f(x) = \frac{1}{2}x^4 - x^3 - 2$; $f'(x) = 2x^3 - 3x^2$

t : $y = 4x - 10$

n: $y = 0{,}2x - 0{,}3$

Gemeinsamer Punkt von t und n:

$S(2{,}55 \mid 0{,}2)$

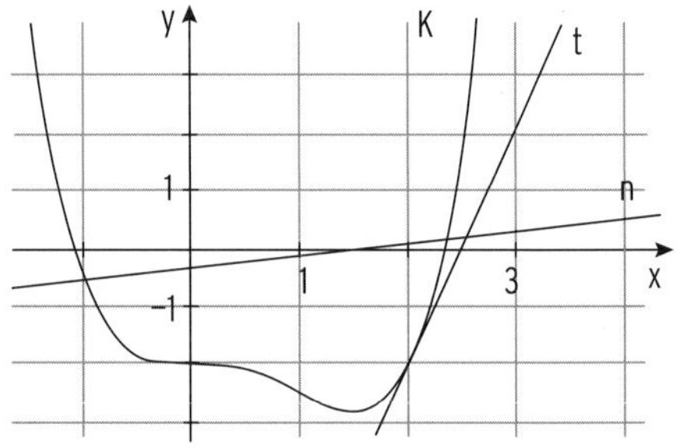

6 $f(x) = \frac{1}{3}x^3 - x$; $f'(x) = x^2 - 1$

Bedingung: $f'(x) = 1 \Leftrightarrow x_1 = \sqrt{2}$; $x_2 = -\sqrt{2}$

Berührpunkte:

$B_1(\sqrt{2} \mid -\frac{1}{3}\sqrt{2})$; $B_2(-\sqrt{2} \mid \frac{1}{3}\sqrt{2})$ (Symmetrie zum Ursprung)

7 $f(x) = -(x-1)^2(2+x) = -x^3 + 3x - 2$; $f'(x) = -3x^2 + 3$

a) Die Gerade g durch $A(-2 \mid 0)$; $B(0 \mid -2)$: $y = -x - 2$

Bedingung für parallel: $f'(x) = -1$ $\quad -3x^2 + 3 = -1$ für $x_{1|2} = \pm 1{,}15$

Auf zwei Dezimalen gerundet: $B_1(1{,}15 \mid -0{,}07)$; $B_2(-1{,}15 \mid -3{,}93)$

b) $f'(-2) = -9$ $\quad \tan(\alpha) = -9 \Rightarrow \alpha = -83{,}7°$

K schneidet die x-Achse unter dem Winkel $180° - 83{,}7° = 96{,}3°$.

Lehrbuch Seite 36

8 Mit $m = f'(u) = e^u$: $\quad y = e^u x + b$

Punktprobe mit $P(u \mid e^u)$: $\quad e^u = e^u u + b \Rightarrow b = e^u - e^u u$

Tangentengleichung: $\quad y = e^u x + e^u - e^u u$

Bedingung für Nullstellen: $y = 0$ $\quad e^u x + e^u - e^u u = 0$

$e^u(x - u + 1) = 0$

Nullstelle: $\quad x = u - 1$

Berührpunkt $B(u \mid f(u))$ und $S(u - 1 \mid 0)$ legen die Tangente eindeutig fest.

Lehrbuch Seite 36

9 $f(x) = \frac{1}{2} e^{2x} - e^x$; $f'(x) = e^{2x} - e^x$

Bedingung: $f'(x) = 6$ $\quad$ $e^{2x} - e^x = 6$

$e^{2x} - e^x - 6 = 0$

Lösung mit Substitution oder Zerlegung: $\quad$ $(e^x - 3)(e^x + 2) = 0$

Hinweis: $(e^x + 2) > 0$

Stelle mit Steigung 6: $\quad$ $x = \ln(3)$

Punkt: $\quad$ $P(\ln(3) \mid \frac{3}{2})$

10 $f(-2) = 1$, $f(2) = -4$ und $f'(x) < 0$ für alle $x \in \mathbb{R}$

Beispiele: $f(x) = e^{-0{,}822x} - 4{,}193$ $\quad$ $f(x) = -0{,}125x^3 - 0{,}75x - 1{,}5$

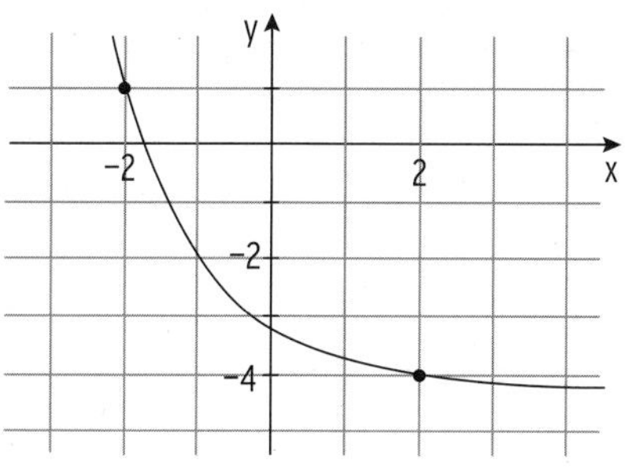

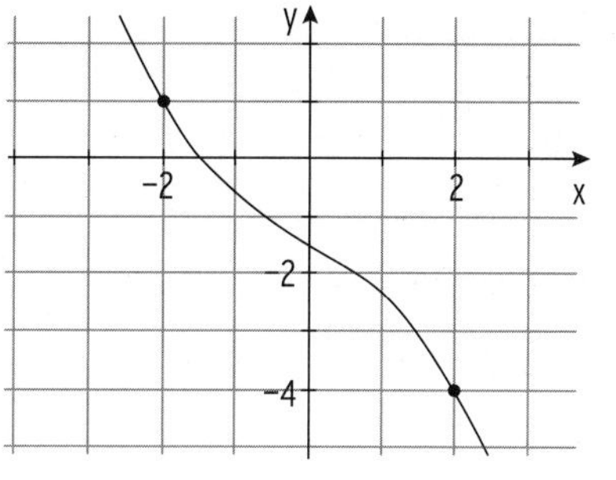

11 Die Kurve K von f ist symmetrisch zu $S_y(0 \mid 3)$.

Steigung der Tangente an K in $x = -1$ (in $P(-1 \mid 5)$) beträgt auch $-0{,}8$.

Tangente t: $\quad$ $y = -0{,}8x + b$

Punktprobe mit $P(-1 \mid 5)$: $\quad$ $5 = -0{,}8 \cdot (-1) + b \Rightarrow b = 4{,}2$

Tangentengleichung: $\quad$ $y = -0{,}8x + 4{,}2$

Die Tangente t schneidet die x-Achse in $x = 5{,}25$

Die Steigung der Tangente an G in $x = 1$ beträgt auch $-0{,}8$.

G entsteht aus K durch Verschiebung um 6 nach unten

Tangente an G in $x = 1$ (in $P(1 \mid -5)$): $y = -0{,}8x - 4{,}2$

12 $f(x) = 3 + 3\cos(2x)$; $f'(x) = -6\sin(2x)$

Bedingung: $f'(x) = 0$ $\quad$ $\sin(2x) = 0$

$2x = 0; \pm\pi; \pm 2\pi; \ldots$

Stellen mit waagrechter Tangente: $\quad$ $x = 0; \pm\frac{\pi}{2}; \pm\pi; \ldots$

allgemein: $x = k \cdot \frac{\pi}{2}$, $k \in \mathbb{Z}$

Lehrbuch Seite 36

13 $K(x) = 0{,}05x^3 - 1{,}2x^2 + 10x + 156$; $E(x) = -1{,}25x^2 + 50x$

a) $E'(x) = 10$ für $x = 16$ $\quad E(16) = 480$

$g: y = 10x + 320$ ist Tangente an die Erlöskurve in $x = 16$.

Zu g parallele Tagente an die Kostenkurve in $x = 16$: $y = 10x + 53{,}6$

Die Tangenten verlaufen parallel.

Der Abstand der beiden Geraden in y-Richtung

ist der maximal mögliche Gewinn $G_{max} = 320 - 53{,}6 = 266{,}4$

b) $K'(x) = 0{,}15x^2 - 2{,}4x + 10 = 0$ hat keine Lösung. Die Grenzkosten sind positiv.

14 $f(x) = 3x - \frac{1}{2}x^2$; $f'(x) = 3 - x$

Steigung in $x = 4$: $f'(4) = -1$.

Steigung -1 entspricht einem Steigungswinkel von 135° (bzw. 45°).
Der Geländewagen kommt die Rampe wahrscheinlich nicht hoch.

15 $f(x) = ax^2 - 2$; $f'(x) = 2ax$

$f'(-1) = -2a$; Steigung der Normalen: $m_n = \frac{1}{2a}$

Normale in $P(-1 \mid a - 2)$: $\quad y = \frac{1}{2a}x + \frac{1}{2a} + a - 2$

Punktprobe mit $O(0 \mid 0)$: $\quad 0 = \frac{1}{2a} + a - 2 \quad | \cdot 2a$

$0 = 1 - 4a + 2a^2$

Lösungen: $a = 1{,}707...$ oder $a = 0{,}292...$

Für diese a-Werte verläuft die Normale an K in $x = -1$ durch O.

Lehrbuch Seite 39

1 Berührpunkt in $S(0 \mid -4)$: $\quad f(0) = g(0) = -4$ und $f'(0) = g'(0) = 0$

Schnittpunkt in $S(-2 \mid 0)$: $\quad f(-2) = g(-2) = 0$

und $f'(-2) = -4{,}5 \neq g'(-2) = -4$

2 K: $f(x) = -0{,}5x^3 + 2x + 1$; $f'(x) = -1{,}5x^2 + 2$

G: $g(x) = -0{,}5(x^3 + 2x^2 + x - 2)$; $g'(x) = -0{,}5(3x^2 + 4x + 1)$

Schnittpunkt $S(0 \mid 1)$

$f'(0) = 2$; $g'(0) = -0{,}5$ $\quad f'(0) \cdot g'(0) = 2 \cdot (-0{,}5) = -1$

Sie schneiden sich senkrecht.

3 $f(x) = \sqrt{2} - \sin(x)$; $f'(x) = -\cos(x)$ $\quad g(x) = \cos(x)$; $g'(x) = -\sin(x)$

$f(\frac{\pi}{4}) = g(\frac{\pi}{4}) = \frac{1}{2}\sqrt{2}$ $\quad f'(\frac{\pi}{4}) = g'(\frac{\pi}{4}) = -\frac{1}{2}\sqrt{2}$

Die Schaubilder von f und g berühren sich in $x = \frac{\pi}{4}$.

Lehrbuch Seite 39

4 Wenn sich K und G berühren, haben sie eine gemeinsame Tangente.

a) $f(x) = e^{2x}$; $g(x) = 2e^x - 1$; $f'(x) = 2e^{2x}$; $g'(x) = 2e^x$

Gleiche Steigung: $f'(x) = g'(x)$: $2e^{2x} = 2e^x$

$2e^x(e^x - 1) = 0$; $e^x \neq 0$

Stelle mit gleicher Steigung: $x = 0$

y-Wert berechnen: $f(0) = g(0) = 1$

Die Kurven berühren sich in B(0 | 1).

b) $f(x) = \frac{1}{2x}$; $g(x) = 1{,}5 - 2x^2$; $f'(x) = -\frac{1}{2x^2}$; $g'(x) = -4x$

Gleiche Steigung: $f'(x) = g'(x)$: $-\frac{1}{2x^2} = -4x \Rightarrow x^3 = \frac{1}{8}$

Stelle mit gleicher Steigung: $x = 0{,}5$

y-Werte berechnen: $f(0{,}5) = g(0{,}5) = 1$

Die Schaubilder von f und g berühren sich in B(0,5 | 1), somit haben sie eine gemeinsame Tangente.

5 Die Kurven berühren sich in $x_1 = 1$.

a) $g(1) = f(1) = 2$: $a + b = 2$

$f'(1) = g'(1) = 1$: $2a + b = 1$

Auflösung des LGS ergibt: $a = -1$; $b = 3$

b) $g(1) = f(1) = 4$: $a + b = 4$

$f'(1) = g'(1) = 1$: $a = 1$

Auflösung des LGS ergibt: $a = 1$; $b = 3$

6 H_1 ist das Schaubild von g: Die x-Achse ist Asymptote; $S_y(0 \mid e)$

H_2 ist das Schaubild von f: f ist monoton fallend ($f'(x) \leq 0$).

$S_y(0 \mid 1 - \cos 1)$

Vermutung: H_1 und H_2 schneiden sich senkrecht in $x = -1$.

Bestätigung:

Ableitungen: $f'(x) = -1 + \sin(x + 1)$; $g'(x) = e^{x+1}$

$f(-1) = g(-1) = 1$ und $f'(-1) \cdot g'(-1) = -1 \cdot 1 = -1$

 ISBN 978-3-8120-3338-1

Lehrbuch Seite 39

7 $f(x) = -\frac{1}{4}x^2 + x - 2$; $f'(x) = -\frac{1}{2}x + 1$

$g(x) = -2x + 6$; $g'(x) = -2$

Schnittstellen: $f(x) = g(x)$ $\quad -\frac{1}{4}x^2 + x - 2 = -2x + 6$

Die zwei Lösungen ($x = 4$; $x = 8$) bedeuten: Es kommt zur Kollision.

Schnittwinkel von K und G in $x = 4$: $f'(4) = -1$; $g'(4) = -2$

Mit Formel: $\tan(\alpha) = \frac{-1-(-2)}{1+2} = \frac{1}{3}$ Schnittwinkel: 18,4°

Lehrbuch Seite 41

1

Punkte	A	B	C	D
Stelle x	0	1	2	3
Steigung f′(x)	0	− 2	− 4	0

2

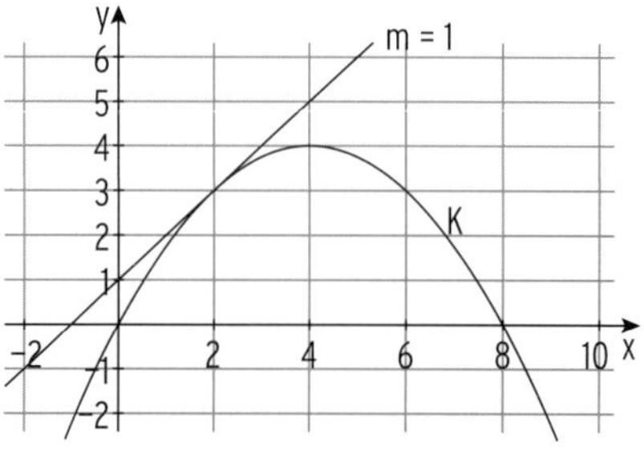

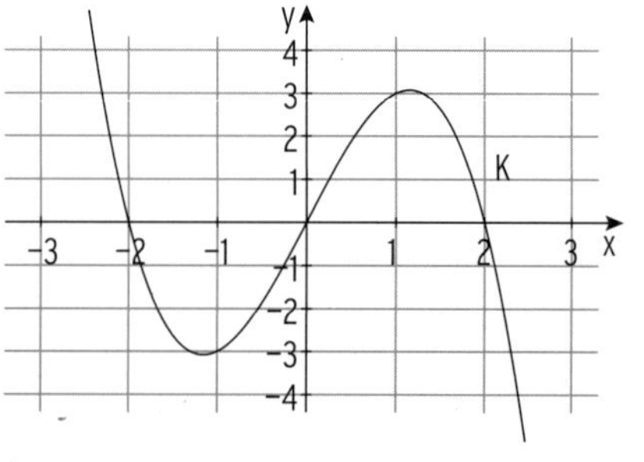

Lehrbuch Seite 42

3 a)

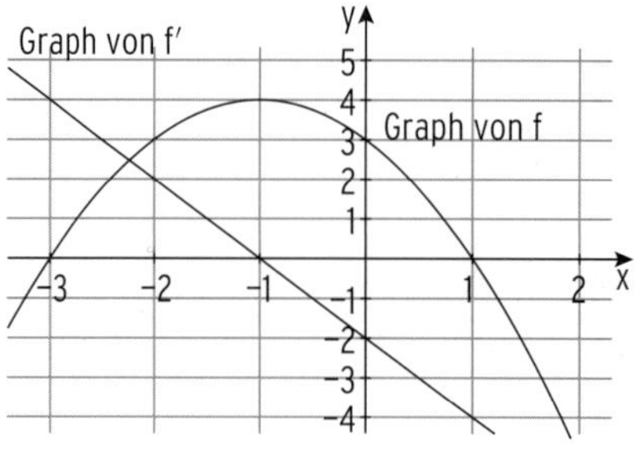

b)

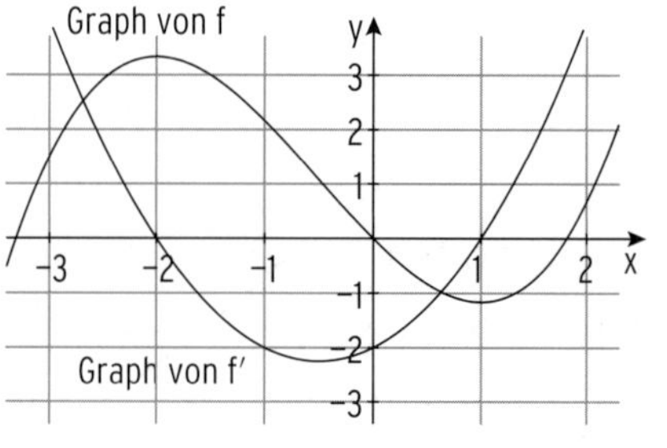

c)

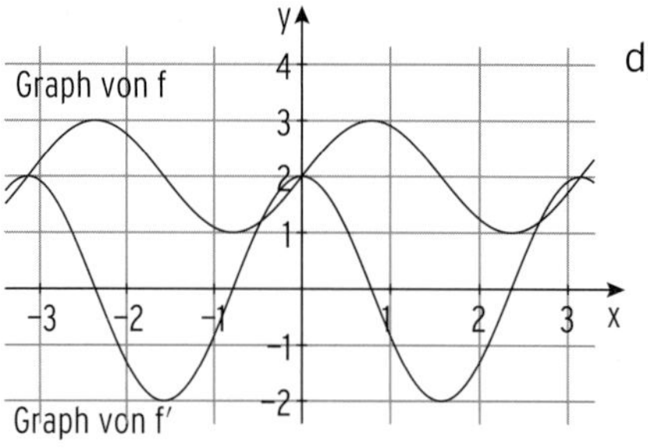

d)

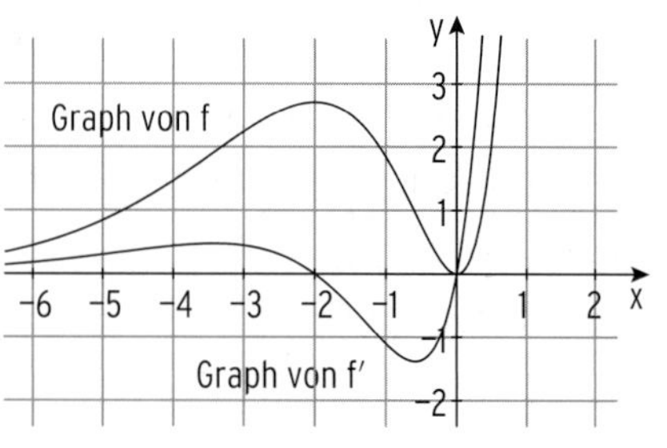

Lehrbuch Seite 42

4 H ist das Schaubild der Ableitung von f, da f in $x = 0$ eine dreifache Nullstelle (Sattelstelle) hat und $f'(x)$ in $x = 0$ das Vorzeichen nicht wechselt.

5 $K \rightarrow C$: K hat für $-2 < x < 2$ eine positive Steigung,
C verläuft für $-2 < x < 2$ oberhalb der x-Achse.
(K ist der Graph einer Polynomfunktion 3. Grades,
C eine Parabel (2. Ordnung).)
$G \rightarrow B$: G hat in $x = 1$ eine waagrechte Tangente,
Die Ableitungsfunktion hat in $x = 1$ eine Nullstelle.
$H \rightarrow A$: H hat in $x \approx 1{,}7$ eine waagrechte Tangente,
Die Ableitungsfunktion hat in $x \approx 1{,}7$ eine Nullstelle.
Die Steigung von H in $x = 0$ ist ca. -2, dies entspricht dem y-Achsenabschnitt von A.

Lehrbuch Seite 47

1 Abbildung 1: Das Schaubild von f wächst auf dem Bereich $-1 < x < 1$ und fällt auf $x > 1$ oder $x < -1$.
Abbildung 2: Das Schaubild von f wächst auf $0{,}5 < x < 2$ und fällt auf $x < 0{,}5$ oder $x > 2$.
Hinweis: Das Schaubild von f wächst auf dem Bereich $-1 \leq x \leq 1$ ist auch möglich.

2 a) $f(x) = -x^3 - 2x + 3$; $f'(x) = -3x^2 - 2$
$f'(x) < 0$ wegen $x^2 \geq 0$ für alle x aus $\mathbb{R}$.
f ist streng monoton fallend für alle x aus $\mathbb{R}$.

b) $f(x) = \frac{3}{5}x^5 + x^3 + 4$; $f'(x) = 3x^4 + 3x^2 = 3x^2(x^2 + 1) \geq 0$ für alle x aus $\mathbb{R}$.
f ist monoton wachsend für alle x aus $\mathbb{R}$.
Hinweis: $f'(x) = 0$ für $x_{1|2} = 0$; aber $f'(x)$ wechselt das Vorzeichen nicht.

c) $f(x) = 2 + e^{-x} - e^x$; $f'(x) = -e^{-x} - e^x < 0$
wegen $e^x > 0$ und $e^{-x} > 0$ für alle x aus $\mathbb{R}$.
f ist streng monoton fallend für alle x aus $\mathbb{R}$.

3 $f(x) = e^x - x$; $f'(x) = e^x - 1$
$f'(x) = 0$ für $x = 0$; einzige Lösung mit VZW
$f'(1) = e - 1 > 0$ $(f'(-1) = e^{-1} - 1 < 0)$
f ist monoton fallend für $x \leq 0$ und monoton wachsend für $x \geq 0$

Lehrbuch Seite 48

4 $f'(0) > 0$ und $f'(-1) = -2$

Mögliche zugehörige Kurven $f(x) = 2x^2 + 2x - 2$ oder $f(x) =- \sin(2(x + 1))$

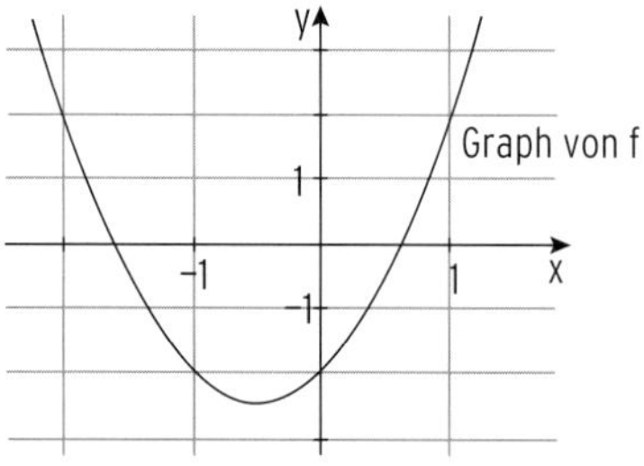

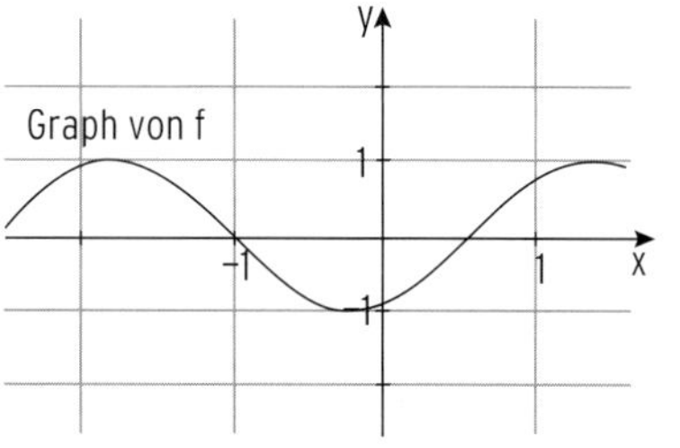

5 a) $f'(x) > 1$

Die Steigung des Graphen von f ist größer als 1, f ist streng monoton wachsend.

Z. B. $f(x) = x^3 + 2x$

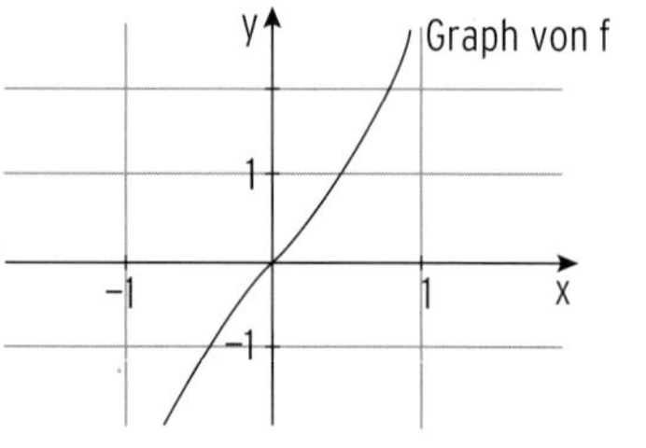

b) $f'(x) \leq 0$

f ist monoton fallend.

Z. B. $f(x) = e^{-x}$

der Graph von f kann z. B. auch eine Parallele zur x-Achse sein.

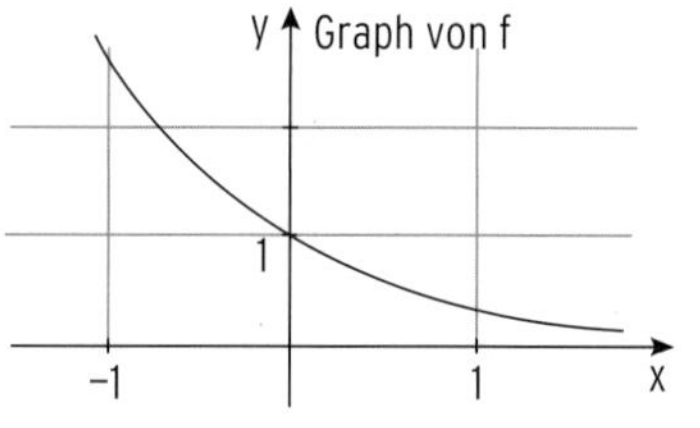

c) $f'(x) \in [0; 2]$

f ist (streng) monoton wachsend.

Steigungen zwischen 0 und 2

Z. B. $f(x) = x + \sin(x)$

Waagrechte Tangente in $x = \pm \pi$

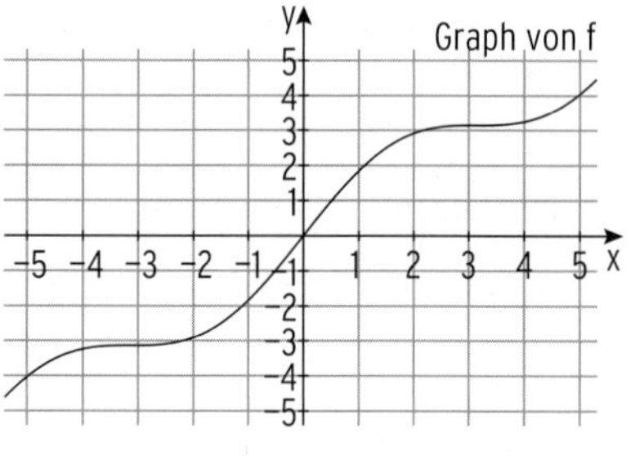

d) $f(x) \in [-4; 4]$

Funktionswerte zwischen − 4 und 4

Z. B. $f(x) = 4 \cos(x)$

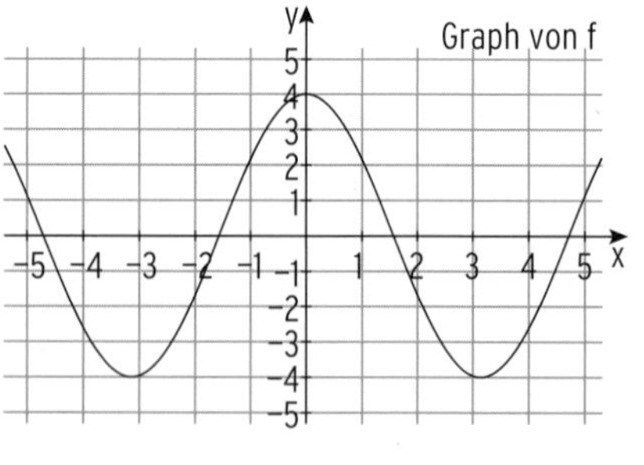

Lehrbuch Seite 48

6 a) K(x) in Geldeinheiten (GE),
x in Mengeneinheiten (ME)
Kostenkurve
Polynomfunktion 3. Grades
K ist streng monoton zunehmend.

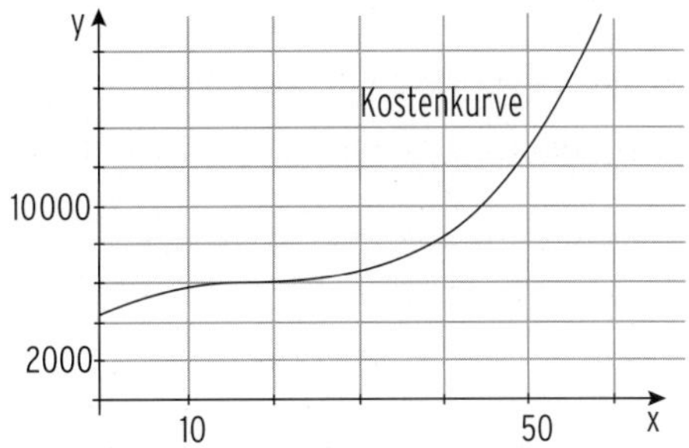

b) Tankinhalt V(x) in l,
x in km während einer Fahrt.
V ist streng monoton abnehmend.
Bei gleichmäßiger Fahrt: linear
Im Regelfall: abschnittsweise
Bei Stau kann die Kurve einen Sprung machen.

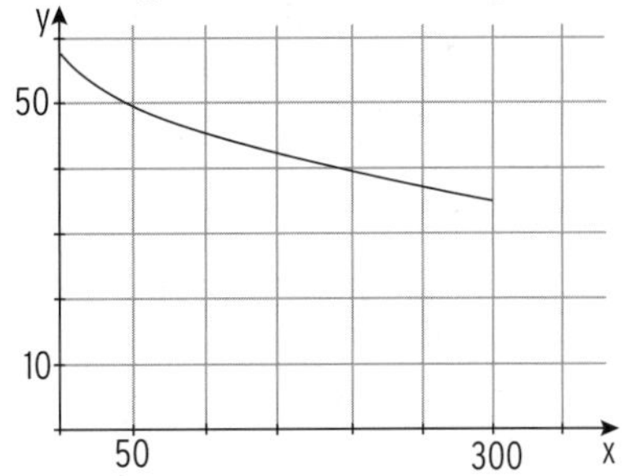

c) Höhe h(x) in m, x in Tagen
h ist streng monoton zunehmend.
Zu Beginn ist das Wachstum schneller, danach verlangsamt sich das Wachstum.

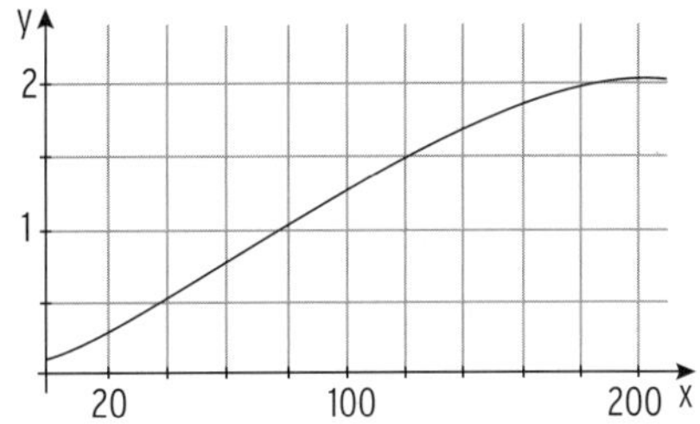

7 f ist streng monoton wachsend, da $f'(x) > 0$ ist.
Die kleinste Steigung beträgt 0,5.

8 Schaubild A beschreibt die Funktion r(x) für die Karaffe.

Der Radius r ist zunächst groß, um im Halsbereich stark abzunehmen.
Schaubild B beschreibt die Funktion r(x) für das Weizenbierglas. Der Radius r nimmt zunächst etwas ab, dann nimmt r bis beinahe zum Glassrand zu.
Die Kurve C lässt sich nicht zuordnen. Die Radiusfunktion ist streng monoton abnehmend. Ein zugehöriges Glas ist unten breit und wird nach oben immer enger. Z. B. hat das Glas die Form eines Kegelstumpfes.

9 $f(x) = ax^2 - x + 2$; $a > 0$; $f'(x) = 2ax - 1$
Bedingung: $f'(x) \geq 0$ für $x \geq \frac{1}{2a}$; $\frac{1}{2a} = 1$ für $a = \frac{1}{2}$
Für $a = \frac{1}{2}$ ist f monoton wachsend für $x \geq 1$.

Lehrbuch Seite 48

10 $K(x) = 0{,}05x^3 - 1{,}2x^2 + 10x + 156$; $K'(x) = 0{,}15x^2 - 2{,}4x + 10$

Es genügt zu zeigen: $K'(x) > 0$ Mit $D < 0$ gilt: $K'(x) \neq 0$

Das Schaubild von K′ ist eine nach oben geöffnete Parabel, somit gilt: $K'(x) > 0$.

Lehrbuch Seite 55

1 a) $f(x) = -\frac{1}{4}x^2 + x - 2$; $f'(x) = -\frac{1}{2}x + 1$; $f''(x) = -\frac{1}{2} < 0$

Bedingung: $f'(x) = 0$ für $x_1 = 2$

$f''(2) < 0$

$H(2 \mid -1)$

b) $f(x) = \frac{1}{6}(x^3 - 9x)$; $f'(x) = \frac{1}{6}(3x^2 - 9)$; $f''(x) = x$

Bedingung: $f'(x) = 0$ für $x_{1|2} = \pm\sqrt{3}$

$f''(-\sqrt{3}) = -\sqrt{3} < 0$; $f''(\sqrt{3}) = \sqrt{3} > 0$

$H(-\sqrt{3} \mid \sqrt{3})$; $T(\sqrt{3} \mid -\sqrt{3})$

c) $f(x) = \frac{1}{16}x^4 - \frac{3}{2}x^2 + 5$; $f'(x) = \frac{1}{4}x^3 - 3x$; $f''(x) = \frac{3}{4}x^2 - 3$

Bedingung: $f'(x) = 0$ für $x_1 = 0$; $x_{2|3} = \pm\sqrt{12}$

$f''(0) = -3 < 0$; $f''(\pm\sqrt{12}) = 6 > 0$

$H(0 \mid 5)$; $T_1(\sqrt{12} \mid -4)$; $T_2(-\sqrt{12} \mid -4)$

d) $f(x) = -x - 2 + e^{0,5x}$; $f'(x) = -1 + 0{,}5e^{0,5x}$; $f''(x) = 0{,}25e^{0,5x} > 0$

Bedingung: $f'(x) = 0$ für $x_1 = 2\ln(2)$

$f''(2\ln(2)) > 0$

Mit $e^{0,5 \cdot 2\ln(2)} = 2$ erhält man $f(2\ln(2)) = -2\ln(2)$

Extrempunkt des Graphen von f: Tiefpunkt $T(2\ln(2) \mid -2\ln(2))$

e) $f(x) = 2\sin(2x) + 1$; $x \in\,]-1; 4[$; $f'(x) = 4\cos(2x)$; $f''(x) = -8\sin(2x)$

Bedingung: $f'(x) = 0$ für $x_1 = -\frac{\pi}{4}$; $x_2 = \frac{\pi}{4}$; $x_3 = \frac{3}{4}\pi$; $x_4 = \frac{5}{4}\pi$

$f''(x_{1|3}) > 0$; $f''(x_{2|4}) < 0$

Extrempunkte des Graphen von f:

$T_1(-\frac{\pi}{4} \mid -1)$; $H_1(\frac{\pi}{4} \mid 3)$; $T_2(\frac{3}{4}\pi \mid -1)$; $H_2(\frac{5}{4}\pi \mid 3)$

Lehrbuch Seite 55

1 f) $f(x) = \frac{1}{x} + x$; $x \neq 0$; $f'(x) = -\frac{1}{x^2} + 1$; $f''(x) = 2 \cdot \frac{1}{x^3}$

Bedingung: $f'(x) = 0$ für $x_1 = \pm 1$

$f''(-1) = -2 < 0$; $f''(1) = 2 > 0$

Hochpunkt $H(-1 \mid -2)$; Tiefpunkt $T(1 \mid 2)$

2 $f(x) = x^3 - 3x + 2$; $f'(x) = 3x^2 - 3$

$f'(x) = 0$ für $x = \pm 1$; $f'(0) = -3$

f ist wachsend für $x \leq -1$ oder $x \geq 1$.

f ist fallend für $-1 \leq x \leq 1$.

Hochpunkt $H(-1 \mid 4)$

Tiefpunkt $T(1 \mid 0)$

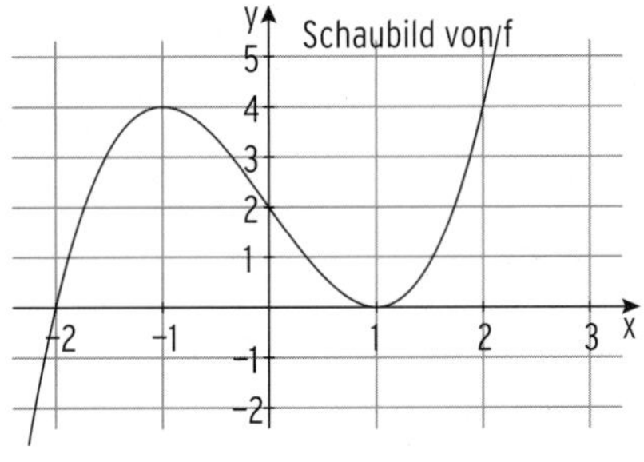

3 $f(x) = e^{0,25x} - 2 - e^{0,5x}$

$f'(x) = 0,25e^{0,25x} - 0,5e^{0,5x}$; $f''(x) = \frac{1}{16}e^{0,25x} - \frac{1}{4}e^{0,5x}$

$x = -4\ln(2)$ ist eine Extremstelle,

wegen $f'(-4\ln(2)) = 0$ und $f''(-4\ln(2)) = -\frac{1}{32} \neq 0$

$f(-4\ln(2)) = -\frac{7}{4}$

Das Schaubbild K von f hat den Hochpunkt $H(-4\ln(2) \mid -\frac{7}{4})$,

wegen $f''(-4\ln(2)) = -\frac{1}{32} < 0$.

4 $x_1 = -2$; $x_2 = 1$; $x_3 = 3$; $f(x) = a(x+2)(x-1)(x-3)$

Punktprobe mit $P(0 \mid 1,5)$ ergibt $a = \frac{1}{4}$:

$f(x) = \frac{1}{4}(x+2)(x-1)(x-3)$

$f(x) = \frac{1}{4}(x^3 - 2x^2 - 5x + 6)$; $f'(x) = \frac{1}{4}(3x^2 - 4x - 5)$; $f''(x) = \frac{1}{4}(6x - 4)$

Bedingung: $f'(x) = 0$ für $x_1 = -0,79$; $x_2 = 2,12$

$f''(-0,79) < 0$; $f''(2,12) > 0$

Extrempunkte: $H(-0,79 \mid 2,05)$; $T(2,12 \mid -1,02)$

Die x- und y-Werte wurden mit einem Hilfsmittel (WTR) bestimmt.

Lehrbuch Seite 55

5 $f(x) = 0{,}5x + \sin(x);\ x \in [-1; 7];\ f'(x) = 0{,}5 + \cos(x);\ f''(x) = -\sin(x)$

Bedingung: $f'(x) = 0$ $\qquad 0{,}5 + \cos(x) = 0$

$\cos(x) = -0{,}5$

WTR: $x_1 = \frac{2}{3}\pi$: $\qquad x_2 = 2\pi - \frac{2}{3}\pi = \frac{4}{3}\pi$

In x_1 und x_2 ist $f''(x) \neq 0$. x_1 und x_2 sind die Extremstellen von f auf [− 1; 7].

6 $f(x) = 2\cos(0{,}5\pi x) + 3;\ x \in$ **[- 1; 5]**

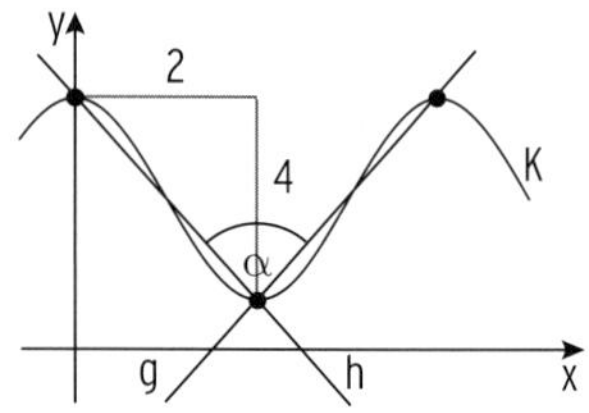

Extrempunkte von K: $H_1(0 \mid 5);\ H_2(4 \mid 5);\ T(2 \mid 1)$

$\tan(\frac{\alpha}{2}) = \frac{2}{4} = \frac{1}{2} \Rightarrow \frac{\alpha}{2} = 26{,}57°$

Schnittwinkel: $\alpha = 2 \cdot 26{,}57° = 53{,}14°$ oder

Berechnung mit der Formel

7 $f(x) = -\frac{1}{12}x^3 + ax^2 + 4;\ f'(x) = -\frac{1}{4}x^2 + 2ax;\ f''(x) = -\frac{1}{2}x + 2a$

x = 2 ist Extremstelle.

Bedingung: $f'(2) = 0$ $\qquad -\frac{1}{4} \cdot 2^2 + 4a = 0 \Rightarrow a = \frac{1}{4}$

$f''(2) < 0$, damit ist 2 eine Maximalstelle.

8 $f(x) = \frac{1}{8}x^4 - x^3 + a;\ f'(x) = \frac{1}{2}x^3 - 3x^2;\ f''(x) = \frac{3}{2}x^2 - 6x$

$f'(x) = 0$ führt auf $x_{1|2} = 0;\ x_3 = 6$

$x_{1|2} = 0$ ist eine doppelte Nullstelle von f′, also keine Extremstelle.

$f''(6) = 18 > 0$ $\qquad$ K von f hat einen Tiefpunkt.

Bedingung: $f(6) = 0$ $\qquad -54 + a = 0$ für $a = 54$

Für a = 54 liegt der Extrempunkt von K auf der x-Achse.

9 $f(x) = xe^{3-x};\ f'(x) = (-x + 1)e^{3-x}$

Wegen $e^{3-x} > 0$ und $(-x + 1) \geq 0$ für $x \in [0; 1]$, ist $f'(x) \geq$ **0** für $x \in [0; 1]$.

f ist monoton wachsend auf dem Intervall [0; 1].

Weitere Lösungsmöglichkeit: $f'(x) = 0$ für $x = 1$. $\qquad$ Z. B. $f'(0{,}5) > 0$

f ist monoton wachsend auf dem Intervall [0; 1].

10 $f(x) = x^3 + 3x^2 + 1$; Verschiebt man das Schaubild von f um 1 nach unten, so hat die neue Funktion, die zur verschobenen Kurve gehört, eine doppelte Nullstelle, also eine Extremstelle. Die Funktion f hat auf R zwei Extremstellen, da sie eine Polynomfunktion 3. Grades ist.

Lehrbuch Seite 55

11 a) Zwei Extremstellen, Maximalstelle für $x = 1$; Minimalstelle für $x = 2$;

Vorzeichenwechsel von $f'(x)$.

b) Eine Minimalstelle für $-3 < x < -2$; Vorzeichenwechsel von $f'(x)$.

Lehrbuch Seite 56

12 Skizze

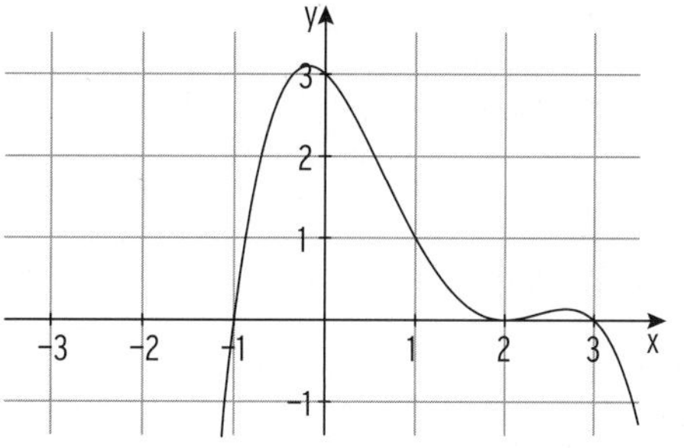

13 $f'(x) = 0$ für $x_1 = -3$ und $x_2 = 1$: f hat zwei Extremstellen; f′ ist eine

Polynomfunktion 2. Grades mit 2 einfachen Nullstellen

$f'(-4) = 15$	Bei $x_1 = -3$ wechselt $f'(x)$ das Vorzeichen +/− ;
$f'(-2) = -9$	$x_1 = -3$ ist Maximalstelle
$f(-3) = 27$	Hochpunkt $H(-3\mid 27)$
$f(1) = -5$	Tiefpunkt $T(1\mid -5)$

14	$f(0) = 0$	richtig; Parabel verläuft durch den Ursprung.
	$f(1) = -0{,}5$	falsch; $f(1) = -2 \cdot 1 - 0{,}5 = -2{,}5$
	$f'(1) = 0$	**falsch; $f'(1) = -2$, Steigung der Tangente in $x = 1$.**

15 • $f(1) = 0$ falsch; $f(1) = 5$

• $f'(1) = 5$ falsch; $f'(1) = 0$

• $f'(3) = 0$ wahr; waagrechte Tangente in $x = 3$

• Bei $x = 1$ hat $f'(x)$ einen Vorzeichenwechsel von + nach −

wahr; $x = 1$ ist Maximalstelle

• Die momentane Änderungsrate von f an der Stelle $x = 3{,}5$ ist größer als die durchschnittliche Änderungsrate im Intervall [1; 2].

wahr: $f'(3{,}5) > 0$, also größer als $\frac{5-3}{1-2} = -2$

16 $f(x) = ae^x - e^{2x}$; $f'(x) = ae^x - 2e^{2x}$

$f'(x) = 0$ $e^x(a - 2e^x) = 0 \Rightarrow x = \ln(\frac{a}{2})$ Extremstelle (nur für $a > 0$)

$\ln(\frac{a}{2}) = 0$ für $\frac{a}{2} = 1$, also für $a = 2$

Für $a = 2$ liegt der Extrempunkt von K auf der y-Achse.

Lehrbuch Seite 56

17 $s(t) =- 0{,}066t^3 + 1{,}49t^2$; $s'(t) = v(t) =- 0{,}198t^2 + 2{,}98t$

größte Geschwindigkeit: $v'(t) =- 0{,}396t + 2{,}98 = 0 \quad \Rightarrow t \approx 7{,}53$

$v(7{,}53) \approx 11{,}21$ Die größte Geschwindigkeit beträgt 11,21 m/s.

18 $K(x) = \frac{1}{12}x^3 - \frac{3}{8}x^2 + \frac{3}{2}x + 10$; $K'(x) = \frac{1}{4}x^2 - \frac{3}{4}x + \frac{3}{2}$

$K'(x) = 0$ hat wegen $D = (\frac{3}{4})^2 - 4 \cdot \frac{1}{4} \cdot \frac{3}{2} < 0$ keine Lösung

$K'(0) = \frac{3}{2}$, also gilt $K'(x) > 0$ für $x > 0$: monoton wachsend.

$K'(x)$ ist am geringsten, wenn $K''(x) = 0$ $\quad \frac{1}{2}x - \frac{3}{4} = 0$ für $x = \frac{3}{2}$

Produktionsmenge, bei der sich die Gesamtkosten am geringsten ändern: $x = \frac{3}{2}$ Kostenänderung $K'(\frac{3}{2}) = \frac{15}{16}$

Lehrbuch Seite 63

1 a) $W(0 \mid 3)$ b) $W_1(0 \mid -2)$; $W_2(1 \mid -2{,}25)$ c) $W(0{,}67 \mid 4{,}74)$

d) $W_{1|2}(\pm 1 \mid \frac{10}{3})$ e) $W(-1 \mid -4e^{-0{,}5})$

f) $W_1(\frac{\pi}{2} \mid \frac{\pi}{2})$; $W_2(\frac{3}{2}\pi \mid \frac{3}{2}\pi)$ auf [- 1; 7]

Hinweis: Für $x \in \mathbb{R}$: $W_k(\frac{\pi}{2} + k\pi \mid \frac{\pi}{2} + k\pi)$; $k \in \mathbb{Z}$

2 a) $W(0 \mid 0)$; $y = -\frac{3}{2}x$ b) $W(1 \mid 2)$; $y = -4x + 6$

c) $f'(x) = e^x(x + 1) - 1$; $f''(x) = e^x(x + 2)$

Wendepunkt: $W(-2 \mid -2(e^{-2} - 1))$

Gleichung der Wendetangente: $y = -(e^{-2} + 1)x - 4e^{-2}$

3 $f(x) = 0{,}5x^4 - 3x^2 + 3$; $f'(x) = 2x^3 - 6x$; $f''(x) = 6x^2 - 6$

Die Wendetangenten schneiden sich auf der y-Achse wegen der Symmetrie des Schaubildes K zur y-Achse.

$W_{1|2}(\pm 1 \mid 0{,}5)$

Gleichung der Wendetangente in W_1: t_1: $y = -4x + 4{,}5$

Gleichung der Wendetangente in W_2: t_2: $y = 4x + 4{,}5$

Schnittpunkt mit der y-Achse: $S_y(0 \mid 4{,}5)$

Überprüfung (senkredht stehen): $m_1 \cdot m_2 = -4 \cdot 4 = -16 \neq -1$

Die Wendetangenten von K stehen nicht senkrecht aufeinander.

Lehrbuch Seite 63

4 Ganzrationale Funktion 3. Grades $f(x) = ax^3 + bx^2 + cx + d$; $a \neq 0$
$f''(x) = 6ax + 2b = 0$ hat genau eine einfache Lösung,
d. h. f hat genau eine Wendestelle.

5 $f(x) = 5e^x(e^x - 8) = 5e^{2x} - 40e^x$; $f'(x) = 10e^{2x} - 40e^x$; $f''(x) = 5e^x(4e^x - 8)$

Nullstelle $x = \ln(8)$

x-Koordinate des Wendepunktes W: $x = \ln(2)$

Differenz $d = \ln(8) - \ln(2) = \ln(\frac{8}{2}) = \ln(4)$

6 $f(x) = \frac{1}{5}(x - 3)(x^2 + 3) = \frac{1}{5}(x^3 - 3x^2 + 3x - 9)$
$f'(x) = \frac{1}{5}(3x^2 - 6x + 3)$; $f''(x) = \frac{1}{5}(6x - 6)$; $f'''(x) = \frac{6}{5} \neq 0$
Wendestelle von K: $x = 1$
Waagrechte Tangente an der Stelle $x = 1$
Bedingung: $f'(1) = 0$ ist erfüllt.

7 Schaubild der Funktion f: K_2
Schaubild der 1. Ableitungsfunktion: K_1
Schaubild der 2. Ableitungsfunktion: K_3
Mögliche Begründung: K_2 hat den Hochpunkt in $x = -2$,
somit ist $x = -2$ eine Nullstelle der 1. Ableitungsfunktion (K_1)
und $f''(-2) < 0$ (K_3).

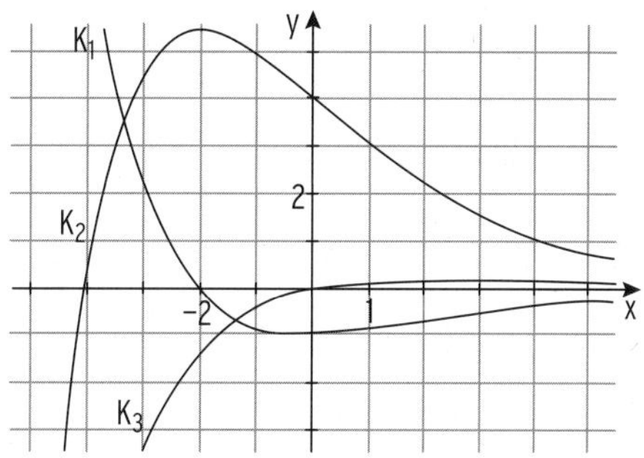

8 $W_1(0 \mid -2)$; $W_2(2 \mid -1{,}5)$
In der Wendestelle von f hat f' eine Extremstelle.

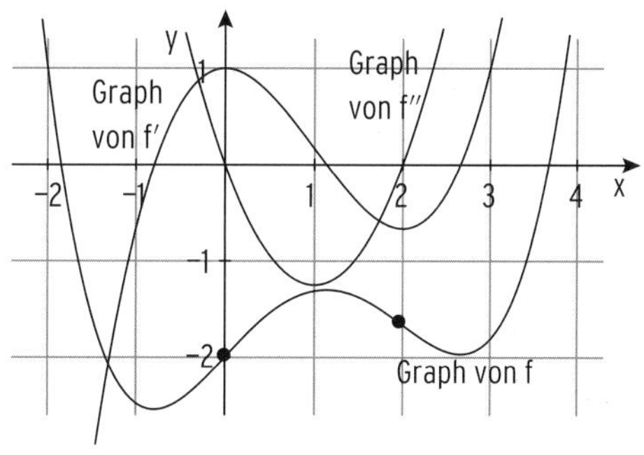

Lehrbuch Seite 63

9 $f(x) = 4\cos(\frac{1}{4}\pi x)$

$f'(x) = -\pi\sin(\frac{1}{4}\pi x)$; $f''(x) = -\frac{1}{4}\pi^2\cos(\frac{1}{4}\pi x)$; $f'''(x) = \frac{1}{16}\pi^3\sin(\frac{1}{4}\pi x)$

$f''(x) = 0 \Leftrightarrow f(x) = 0$

Die Nullstellen von f sind auch Nullstellen von f''.

Nullstellen von f: $f(x) = 0$ $\frac{1}{4}\pi x = \pm\frac{1}{2}\pi; \pm\frac{3}{2}\pi; \pm\frac{5}{2}\pi; \ldots$

$x_N = \pm 2; \pm 6; \pm 10; \ldots$

Nachweis für die Wendepunkte: $f'''(x_N) \neq 0$

Die Nullstellen von f sind auch Wendestellen von f.

10 $f(x) = -\frac{1}{4}x^4 + x^3 - \frac{27}{4}$

$f'(x) = -x^3 + 3x^2$; $f''(x) = -3x^2 + 6x$

$W_1(0 \mid -\frac{27}{4})$ mit waagrechter Tangente

$W_2(2 \mid -\frac{11}{4})$ mit nicht waagrechter Tangente

Tangentengleichung: $y = 4x - \frac{43}{4}$

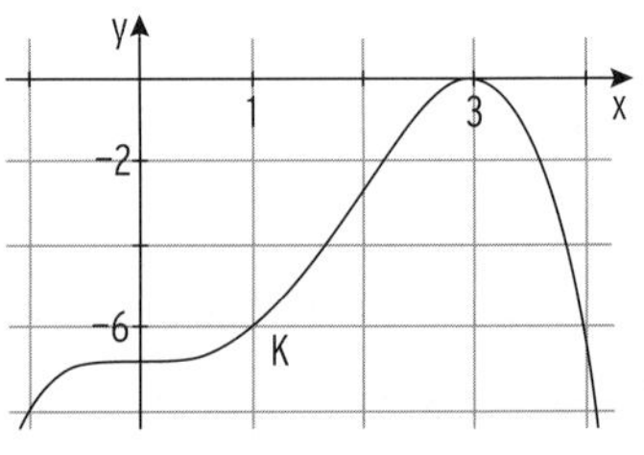

Lehrbuch Seite 64

11 $f(x) = 4xe^{-2x}$; $f'(x) = 4(-2x + 1)e^{-2x}$; $f''(x) = 4(4x - 4)e^{-2x}$

a) Wendepunkt: $W(1 \mid 4e^{-2})$

$f''(0) = -16 < 0$; d. h. K von f ist für $x < 1$ rechtsgekrümmt.

b) Gleichung der Wendetangente: $y = -4e^{-2}x + 8e^{-2}$

Der y-Achsenabschnitt ist ungleich null.

Die Wendetangente geht nicht durch den Ursprung.

12 $x_W = 1{,}5$ ist die Extremstelle von f', also die Wendestelle von f.

Steigung der Wendetangente: $f'(1{,}5) = 2{,}5 > 0$

$x \approx 2{,}6$ ist Maximalstelle, da f'(x) das Vorzeichen von plus nach minus wechselt.

$x \approx 0{,}4$ ist Minimalstelle, da f'(x) das Vorzeichen von − nach + wechselt.

Lehrbuch Seite 64

13 a) $f(1) = 2$, $f'(1) = -1$ und $f''(1) > 0$

Linkskurve mit Steigung -1 durch $P(1 \mid 2)$

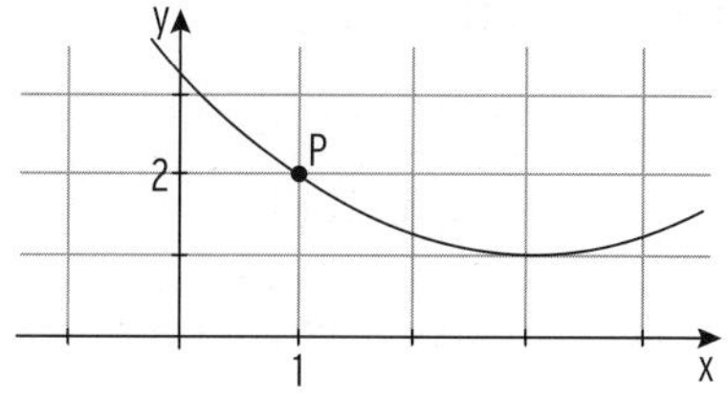

b) $f'(1) = 0$ waagrechte Tangente

$f''(1) < 0$ Rechtskurve

In $x = 1$ hat das Schaubild von f

einen Hochpunkt.

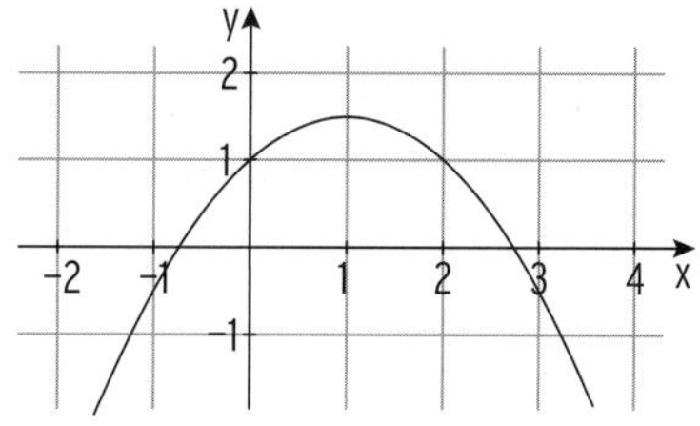

14 $f(x) = -4(x + 1)e^{-x}$; $f'(x) = 4xe^{-x}$; $f''(x) = -4(x - 1)e^{-x}$

$W(1 \mid -8e^{-1})$; Wendetangente: $y = 4e^{-1}x - 12e^{-1}$

Punktprobe mit $P(3 \mid 0)$ ergibt eine

wahre Aussage.

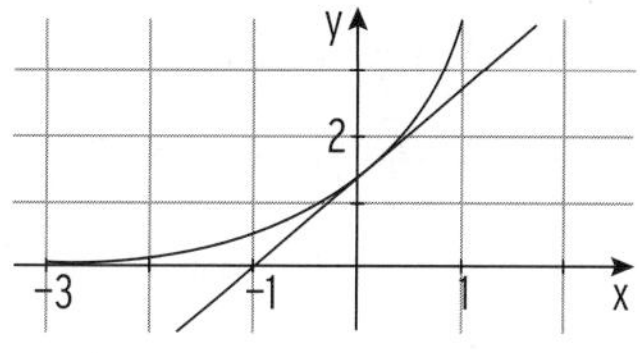

15 $f(x) = 0{,}5\, e^{x+1}$; $f'(x) = 0{,}5e^{x+1} = f''(x)$

$f''(x) > 0$: K von f ist eine Linkskurve.

$y = \frac{e}{2}(x + 1)$ ist Tangente an K in $x = 0$.

Eine Tangente verläuft stets unterhalb einer Linkskurve.

K verläuft oberhalb der Geraden g.

16 Schaubild einer Polynomfunktion

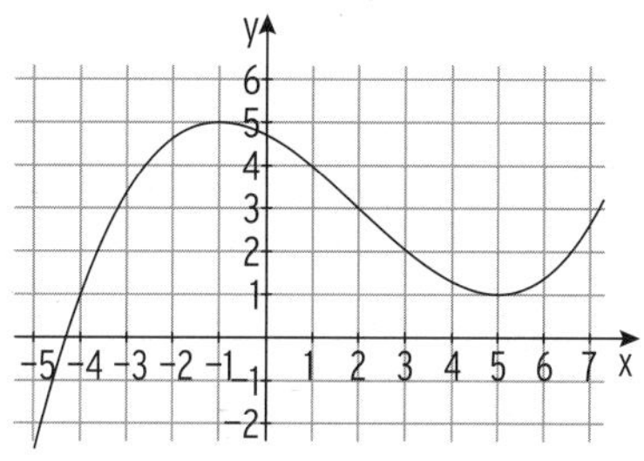

Schaubild einer Kosinusfunktion

um 1 nach links verschoben; $p = 12$;

$a = 2$; verschoben um 3 nach oben:

$f(x) = 2\cos(\frac{\pi}{6}(x + 1)) + 3$

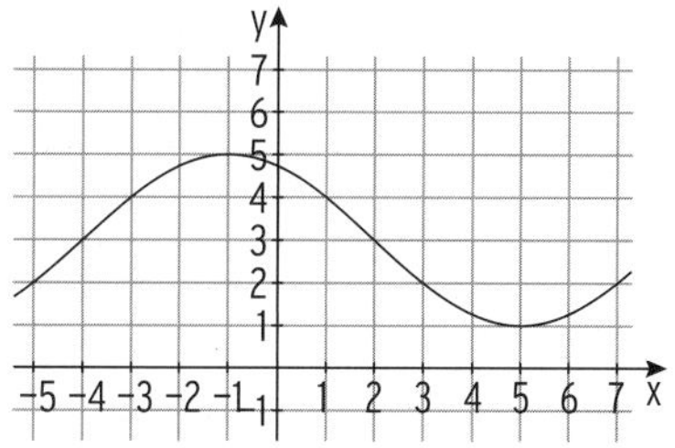

Lehrbuch Seite 64

17 $f'(x) = 0$ für $x_1 = 0$ und $x_2 = 3$:

f hat zwei Stellen mit waagrechter Tangente;

f' ist eine Polynomfunktion 3. Grades

$f''(3) = 0$

$f''(2{,}9) < 0$; $f''(3{,}1) > 0$ Bei $x_2 = 3$ wechselt $f''(x)$ das Vorzeichen von minus nach plus.

Bei $x_2 = 3$ liegt ein Krümmungswechsel von Rechtskurve zu Linkskurve vor, also Wendestelle.

$f'(-1) < 0$ und $f'(1) > 0$:

Tiefpunkt $T(0 | f(0))$

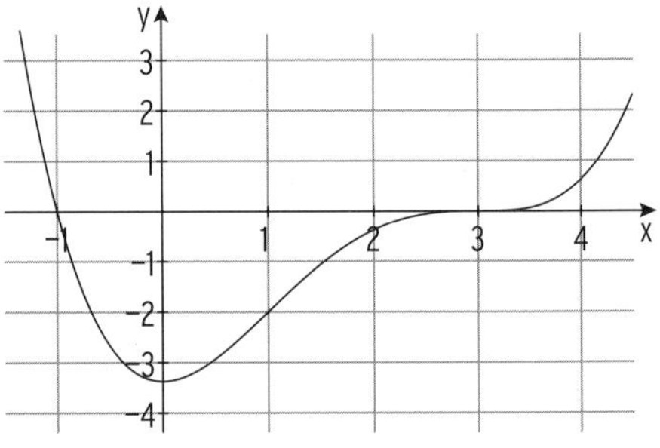

18 (1) $f'(3) = 0$ falsch, da $f'(3) < 0$.

(2) $f'(0{,}5) < 0$ wahr, da f fallend ist in $x = 0{,}5$.

(3) $f''(4) > 0$ wahr, da das Schaubild von f in $x = 4$ eine Linkskurve ist.

(4) Das Schaubild von f hat zwei Wendpunkte.

wahr, da Krümmungswechsel in $x \approx 1{,}7$ und in $x \approx 3{,}5$.

(5) Das Schaubild von f' ist monoton fallend für $0 \leq x \leq 1$ ($f''(x) < 0$)

falsch, da das Schaubild von f auf diesem Bereich eine Linkskurve ist.

Lehrbuch Seite 65

19 $f(x) = t(x^3 - 3x^2)$; $f'(x) = t(3x^2 - 6x)$; $f''(x) = t(6x - 6)$; $f'''(x) = 6t \neq 0$

$f''(x) = 0$ für $x = 1$

Mit $f'''(x) = 6t \neq 0$ und $f(1) = -2t$ gilt: $W(1 | -2t)$

W liegt auf $y = 3$, wenn $-2t = 3$, also für $t = -\frac{3}{2}$

20 $W(\frac{40}{3} | 698{,}52)$; $K'(\frac{40}{3}) = \frac{10}{3}$

Die Gesamtkosten steigen mindestens um 3,3 GE/ME, wenn man die Produktion um eine ME erhöht.

Der Kostenzuwachs ist minimal für $x = \frac{40}{3}$.

Lehrbuch Seite 65

21 $f(x) = \frac{1}{2}x^3 e^{-\frac{1}{2}x}$; $f'(x) = e^{-\frac{1}{2}x}(-\frac{1}{4}x^3 + \frac{3}{2}x^2)$

Das Gefälle ist maximal, wenn f′(x) minimal wird

Bed.: $f''(x) = 0$ $\frac{1}{8}x^3 - \frac{3}{2}x^2 + 3x = 0$

$x = 0 \vee x = 2{,}54 \vee x = 9{,}46$

Nur x = 9,46 kommt in Frage, da die Maximalstelle von f größer als 2,54 ist.

Mit $f'(9{,}46) = -0{,}683$

Das maximale Gefälle beträgt 68,3 %.

22 Weg-Zeit-Gesetz: $s(t) = 30\sin(\frac{\pi}{2}t)$; s(t) in cm, t in s.

Geschwindigkeit-Zeit-Gesetz: $s'(t) = v(t) = 15\pi\cos(\frac{\pi}{2}t)$

$v'(t) = -7{,}5\pi^2 \sin(\frac{\pi}{2}t)$; $v''(t) = -3{,}75\pi^3\cos(\frac{\pi}{2}t)$;

maximale Geschwindigkeit: $v'(t) = -7{,}5\pi^2\sin(\frac{\pi}{2}t) = 0$

$t = 0 \vee t = 2$

Mit $v''(0) = -3{,}75\pi^3 < 0$ ergibt sich die maximale Geschwindigkeit von $v(0) = 15\pi$

Physikalische Interpretation:
Beim Durchgang durch die Nulllage (Ruhelage) ist die Geschwindigkeit am größten. Die momentante Änderungsrate der Geschwindigkeit ist die Beschleunigung. Sie ist (betragsmäßig) am größten im oberen bzw. unteren Umkehrpunkt. Die beschleunigende Kraft (betragsmäßig) ist in diesem Punkt am größten.

23 $s(t) = 6t^4 - 48t^3 + 96t^2$; $t \in [0; 2{,}5]$ (t in h, s in km)

a) Der Zug fährt 2 Stunden lang weg vom Betrachter, danach kehrt er um.

b) Verlauf der Geschwindigkeit: Die Geschwindigkeit ist zunächst Null, der Zug beschleunigt etwa 1 h lang, danach verlangsamt sich die Geschwindigkeit bis auf Null. Dann beschleunigt der Zug wieder in die andere Richtung.

c) $s'(t) = v(t) = 24t^3 - 144t^2 + 192t$

$v'(t) = 72t^2 - 288t + 192$; $v''(t) = 144t - 288$

$v'(t) = 0$ für $t = 0{,}85 \vee t = 3{,}15$

Maximale Geschwindigkeit des Zuges v(0,85) = 73,90 km/h

Lehrbuch Seite 70

1 $f(x) = \frac{1}{16}x^2(x^2 - 24) = \frac{1}{16}x^4 - \frac{3}{2}x^2$; $f'(x) = \frac{1}{4}x^3 - 3x$; $f''(x) = \frac{3}{4}x^2 - 3$; $f'''(x) = \frac{3}{2}x$

Die Wendetangenten schneiden sich auf der y-Achse, da der Graph von f symmetrisch zur y-Achse ist.

$f''(x) = \frac{3}{4}x^2 - 3 = 0 \quad \Leftrightarrow x = \pm 2$

$f'''(\pm 2) \neq 0$; $f(\pm 2) = -5$; $W_1(2 \mid -5)$; $W_2(-2 \mid -5)$

$f'(2) = -4$; Wendetangente: $y = -4x + 3$

Aus Symmetriegründen: Wendetangente: $y = 4x + 3$

Schnittpunkt $S(0 \mid 3)$

Die Wendetangenten stehen nicht senkrecht aufeinander: $-4 \cdot 4 \neq -1$

Die Wendepunkt liegen auf der Geraden mit $y = -5$.

2 $f(x) = \frac{1}{4}e^{2x} - x + 2$; $f'(x) = \frac{1}{2}e^{2x} - 1$; $f''(x) = e^{2x} > 0$

a) $f'(x) = 0 \quad x = \frac{1}{2}\ln(2)$ Minimalstelle

Tiefpunkt $T(\frac{1}{2}\ln(2) \mid \frac{5}{2} - \frac{1}{2}\ln(2))$

liegt im 1. Quadranten.

b) $f''(x) = e^{2x} > 0$:

K ist eine Linkskurve.

c) Schaubild mit Asymptote

($y = -x + 2$)

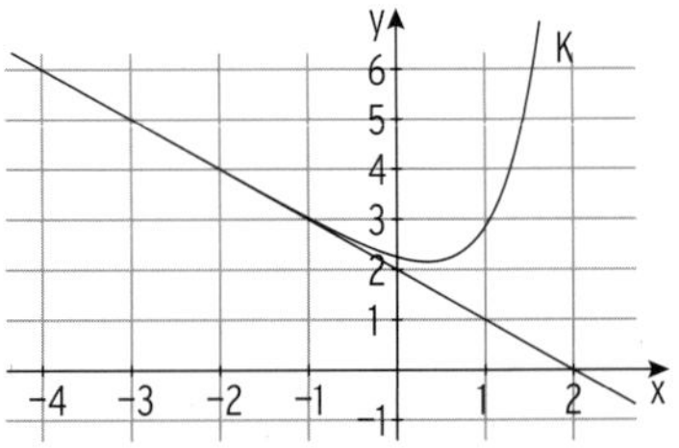

3 a) $f(x) = -8x^3 + 12x^2 + 2x - 3$

$f(-0{,}5) = 0$; $f(0{,}5) = 0$; $f(1{,}5) = 0$ w. A.

Nullstellen sind also

$x_1 = -0{,}5$; $x_2 = 0{,}5$; $x_3 = 1{,}5$

$f(x) = -8(x + 0{,}5)(x - 0{,}5)(x - 1{,}5)$

$f(x) = -(2x + 1)(2x - 1)(2x - 3)$

b) $W(0{,}5 \mid 0)$; $y = 8x - 4$

$A = \frac{1}{2} \cdot \frac{1}{2} \cdot 4 = 1$

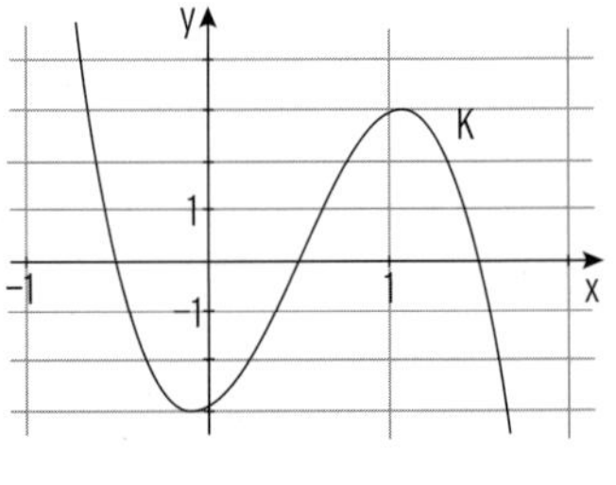

4 a) $f(x) = \frac{1}{3}x^3 - x + 1$; $f'(x) = x^2 - 1$; $f''(x) = 2x$

$T(1 \mid \frac{1}{3})$; $W(0 \mid 1)$

Wegen der Symmetrie zu $W(0 \mid 1)$

b) $f'(0) = -1$; also n: $y = x + 1$

$f(x) = y \qquad \frac{1}{3}x^3 - x + 1 = x + 1$

Schnittpunkte: $S_1(0 \mid 1)$; $S_2(\sqrt{6} \mid \sqrt{6} + 1)$; $S_3(-\sqrt{6} \mid -\sqrt{6} + 1)$

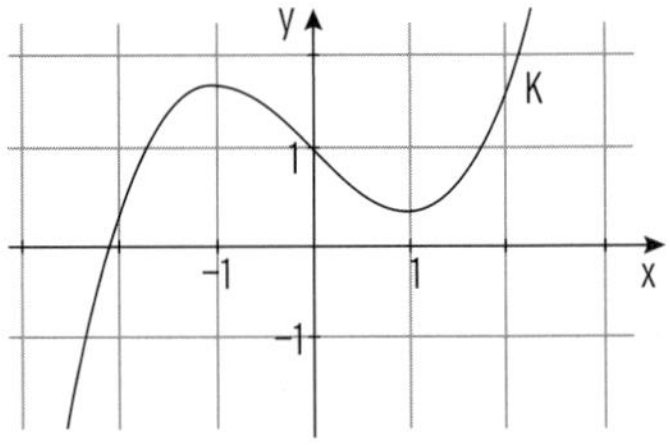

Lehrbuch Seite 70

5 a) $f(x) =- 4x^2e^x$; $f'(x) =- 4(x^2 + 2x)e^x$; $f''(x) =- 4(x^2 + 4x + 2)e^x$

$N_{1|2}(0 \mid 0) = H$; $T(-2 \mid -16e^{-2})$

b) $f'(-1) = \frac{4}{e}$; $f(-1) = -\frac{4}{e}$ T: $y = \frac{4}{e}x$

Dies ist die Gleichung einer Ursprungsgeraden.

c) $S_{1|2}(0 \mid 0)$; $S_3(-\ln 4 \mid -(\ln 4)^2)$

6 Tabelle

x	f(x)	f′(x)	f″(x)
3	0	0	positiv

Der Graph einer Polynomfunktion 4. Grades hat in x = 3 einen Tiefpunkt in einer Linkskurve.

7 $x_{1|2} = 0$ ist doppelte Nullstelle von f′, also keine Extremstelle, sondern Wendestelle. Sattelpunkt in x = 0

$x_3 = 3$ ist eine einfache Nullstelle von f′, also Extremstelle von f.

$f'(x) = x^2(x - 3) = x^3 - 3x^2$

$f''(x) = 3x^2 - 6x$

$f''(3) = 9 > 0 \Rightarrow x = 3$ ist Minimalstelle von f.

Der Graph von f ist steigend für $x \geq 3$, fallend für $x \leq 3$.

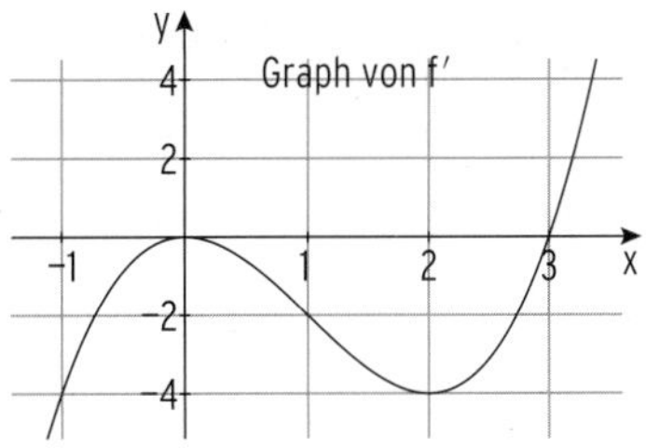

Lehrbuch Seite 71

8 a) $f(x) = e^{0,5x-1} - 0,5x$; $f'(x) = 0,5e^{0,5x-1} - 0,5$; $f''(x) = 0,25e^{0,5x-1}$

$S_y(0 \mid \frac{1}{e})$; $T(2 \mid 0)$

Kein WP, da $f''(x) > 0$ für alle $x \in \mathbb{R}$.

b) Ansatz: $f'(x) = 2$

Lösung: $x = 2(\ln 5 + 1) \approx 5,22$

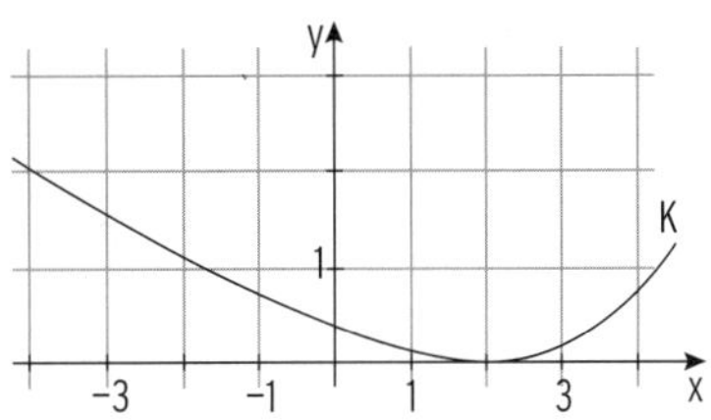

9 $f(x) = (2 - 0,5x)e^{x-1}$; $f'(x) = (1,5 - 0,5x)e^{x-1}$

$f''(x) = (1 - 0,5x)e^{x-1}$

a) $N(4 \mid 0)$; $S_y(0 \mid \frac{2}{e})$; Waagrechte As.: $y = 0$

$H(3 \mid \frac{1}{2}e^2)$; $W(2 \mid e)$

b) g: $y = \frac{3}{2e}x + \frac{2}{e}$; h: $x = 3$; $S(3 \mid \frac{13}{2e})$

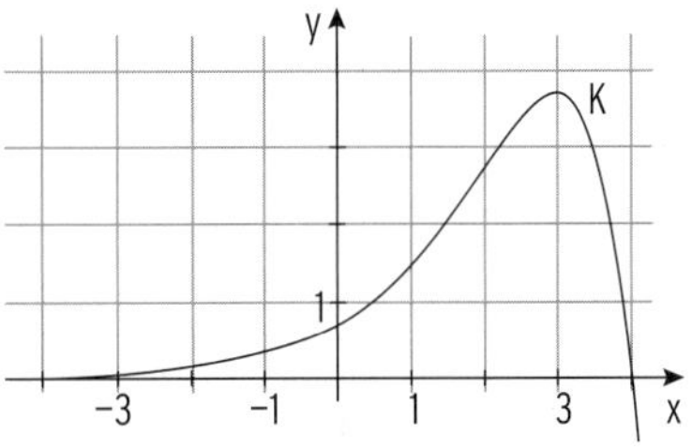

 ISBN 978-3-8120-3338-1

Lehrbuch Seite 71

10 $f(x) = e^{-x} + tx$; $f'(x) = -e^{-x} + t$; $f''(x) = e^{-x}$

Extrempunkt auf der x-Achse: $f'(x) = 0$ für $x = -\ln(t)$; $t > 0$

$f(-\ln(t)) = t - t\ln(t) = 0$ $\quad t(1 - \ln(t)) = 0$

wegen $t > 0$: einzige Lösung $t = e$

11 (1) Das Schaubild schneidet die y-Achse im Punkt $P(0 \mid 2)$.

(2) Das Schaubild hat bei $x = -4$ und bei $x = 2$ waagrechte Tangenten.

(3) Für $x \leq 2$ hat das Schaubild keine negativen Steigungen, der Graph von h ist steigend für $x \leq 2$.

(4) Das Schaubild ist linksgekrümmt für $-4 < x < 0$.

Ein mögliches Schaubild von h:

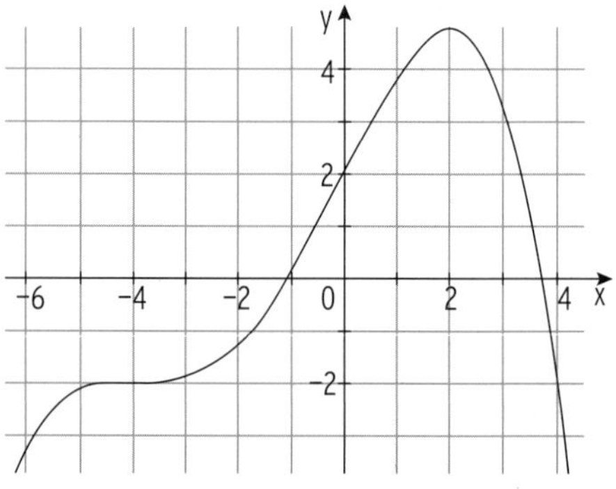

12 a) Schaubild von f

$f(t) = 1000te^{-0,1t}$; $t \in \mathbb{R}_+^*$

$f'(t) = 100(10 - t)\,e^{-0,1t}$

$f''(t) = 10(-20 + t)e^{-0,1t}$

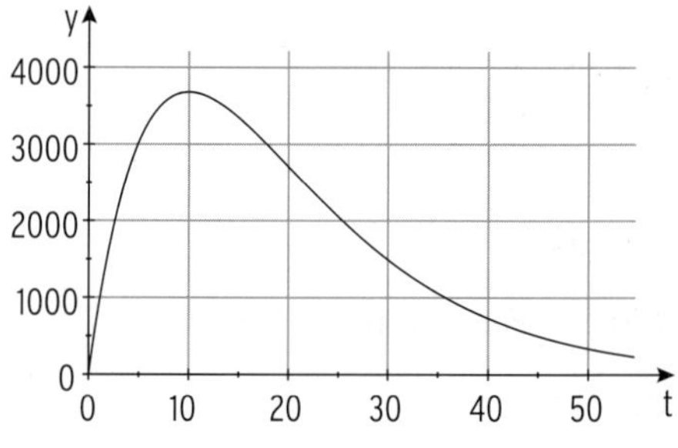

Maximum der Verkaufszahlen

Bedingung: $f'(t) = 0$ für $t = 10$

Mit $f''(10) < 0$ und $f(10) = 3678,8$

erhält man:

Die maximale wöchentliche Verkaufszahl beträgt ca. 3678 Geräte.

Entwicklung der Verkaufszahlen

Für $t \to \infty$: $f(t) = 1000te^{-0,1t} \to 0$, da $e^{-0,1t}$ schneller gegen null strebt als 1000t gegen ∞. Langfristig streben die Verkaufszahlen gegen null.

b) Die Verkaufszahl nimmt am stärksten ab in der Wendestelle von f.

Bedingung: $f''(t) = 0$ $\quad 10(-20 + t)e^{-0,1t} = 0 \quad (e^{-0,1t} > 0)$

Satz vom Nullprodukt: $\quad t = 20$

Für $t > 10$ ist $f'(t) < 0$; die Verkaufszahlen nehmen ab.

In der 20. Woche nimmt die Verkaufszahl am stärksten ab.

Lehrbuch Seite 71

13 $I(t) = 5e^{-0{,}08t}$; $I'(t) = -0{,}4e^{-0{,}08t}$ (Änderungsrate der Stromstärke)
$I'(0) = -0{,}4$
$I'(5) = -0{,}4e^{-0{,}08 \cdot 5} = -0{,}268$
Die Stromstärkenabnahme hat sich nicht halbiert.

Lehrbuch Seite 77

1 $f(x) = \frac{1}{8}(x^3 - 3x^2 - 9x + 27)$

2 a) Achsenschnittpunkte: $N_1(-1 \mid 0)$; $N_2(3 \mid 0)$; $S_y(0 \mid -1{,}5)$
Tiefpunkt: $T(2 \mid -13{,}5)$
da $f'(2) = 0$ und $f'(x)$ das VZ von - nach + wechselt an der Stelle $x_1 = 2$.
Wendepunkt: $W_1(-1 \mid 0)$; $W_2(1 \mid -8)$
da $f''(-1) = 0$ und $f''(x)$ das VZ wechselt in $x_2 = -1$.
Bemerkung: $W(-1 \mid 0)$ ist ein Sattelpunkt, da zusätzlich $f'(-1) = 0$.

Bemerkung: $f(x) = a(x + 1)^3(x - 3)$
Punktprobe mit $A(0 \mid -1{,}5)$ ergibt: $a = 0{,}5$
Funktionsterm: $f(x) = 0{,}5(x + 1)^3(x - 3)$

b) $f(1) = -8$; $f'(1) = -8$; Tangentengleichung $y = -8x$

3 $f(x) = \frac{1}{2}x^3 - 3x^2 + \frac{9}{2}x$
A ist der Wendepunkt.

4 $f(x) = ax(x - 2)(x + 3) = a(x^3 + x^2 - 6x)$; $f'(x) = a(3x^2 + 2x - 6)$

$f'(0) = -6a = 12$ für $a = -2$

Funktionsterm $f(x) = -2x(x - 2)(x + 3) = -2(x^3 + x^2 - 6x)$

5 $f(x) = ax^4 + bx^3 + cx^2 + dx + e$

$f'(x) = 4ax^3 + 3bx^2 + 2cx + d$

$f(-1) = 2$ $\quad a - b + c - d + e = 2$

$f'(-1) = 0$ $\quad -4a + 3b - 2c + d = 0$

$f'(1) = 0$ $\quad 4a + 3b + 2c + d = 0$

$f'(0) = 3$ $\quad d = 3$

$f(0) = 5$ $\quad e = 5$

Lehrbuch Seite 77

6 $f(x) = (ax + b)e^x$; $f'(x) = (a + b + ax)e^x$

Waagrechte Tangente im Punkt P(1 | e)

$f(1) = e$ $\quad (a + b)e = e \quad \Rightarrow \quad a + b = 1$

$f'(1) = 0$ $\quad (2a + b)e = 0 \quad \Rightarrow \quad 2a + b = 0$

Lösung des LGS: $a = -1$; $b = 2$

Funktionsterm: $f(x) = (-x + 2)e^x$

7 Periode $p = \pi$: $b = \frac{2\pi}{p} = 2$

Ansatz: $g(x) = \cos(bx)$ $\quad g(x) = \cos(2x)$

Hochpunkt von G: H(0 | 1)

Verschiebt man G um 3 nach rechts und um 4 nach oben, so hat die verschobene Kurve den Hochpunkt H(3 | 5).

Funktionsterm: $f(x) = \cos(2(x - 3)) + 4$

Alternative:

mit dem Ansatz: $g(x) = \sin(2x)$

Hochpunkt von G: $H(\frac{\pi}{4} \mid 1)$

Funktionsterm: $f(x) = \sin(2(x - (3 - \frac{\pi}{4}))) + 4$

Alternative:

mit dem Ansatz: $g(x) = \sin(2(x - c) + d$ und mit Hilfe der Ableitung von f.

8 Periode $p = 4$: $b = \frac{2\pi}{p} = \frac{\pi}{2}$

Ansatz: $f(x) = a\sin(\frac{\pi}{2}x) + d$

K von f hat einen Wendepunkt auf der y-Achse.

Bedingungen: $f(0) = 3$; $f'(0) = 2$

Funktionsterm: $f(x) = \frac{4}{\pi}\sin(\frac{\pi}{2}x) + 3$

$f(0) = a\sin(\frac{\pi}{2} \cdot 0) + d = 3$

$3 = d$

$f'(x) = \frac{\pi}{2} a \cos(\frac{\pi}{2}x)$

$2 = \frac{\pi}{2} \cdot a \cdot \cos(\frac{\pi}{2} \cdot 0)$

$2 = \frac{\pi}{2}a \quad | : \frac{\pi}{2}$

$\frac{2}{1} : \frac{\pi}{2} \quad \frac{2}{1} \cdot \frac{2}{\pi} = \frac{4}{\pi}$

Lehrbuch Seite 78

9 Wendepunkt: $W(2 \mid 0)$

$f''(2) = 0$: $b = -12$

Funktionsterm: $f(x) = x^3 - 6x^2 + cx + d$

Bedingungen: $f(2) = 0$; $f'(2) = 4$ $c = 16$; $d = -16$

Funktionsterm: $f(x) = x^3 - 6x^2 + 16x - 16$

10 $f(-1) = 1$: Das Schaubild verläuft durch $P(-1 \mid 1)$.

$f''(-1) = 0$: Wendestelle in $x = -1$; das Krümmungsverhalten ändert sich.

$f'(-1) = 3$: In $x = -1$ hat die Tangente die Steigung 3.

Funktionsterm: $f(x) = -1{,}5x^5 + 5x^3 - 4{,}5x$

11 Bedingungen: $f(1) = h(1) = 2$ und $f'(1) = h'(1) = 1$

Ergebnis: $a = 0{,}5$; $b = 1{,}5$

12 a) K ist symmetrisch zur y-Achse wegen $f(-x) = f(x)$.
Für $a > 0$ ist die Parabel nach oben geöffnet.

b) $f'(x) = 4ax^3 + 2bx$

$f(2) = 0$: $16a + 4b + 2 = 0$

$f'(2) = 4$: $32a + 4b = 4$

Additionsverfahren liefert: $a = \frac{3}{8}$; $b = -2$

13 Nullstellen von f: -1; 0; 2; $f(x) = ax(x - (-1))(x - 2) = ax(x + 1)(x - 2)$

Punktprobe mit z. B. $P(2{,}5 \mid -1)$ ergibt $a = -\frac{8}{35}$

Punktprobe mit z. B. $P(3 \mid -3)$ ergibt: $a = -\frac{1}{4}$

14 a) Polynomfunktion 3. Grades: $H(4 \mid 3)$; $T(0 \mid -1)$; $f(x) = -\frac{1}{8}x^3 + \frac{3}{4}x^2 - 1$

b) Polynomfunktion 4. Grades: Symmetrie zur y-Achse, $P(1 \mid 3)$ mit Steigung $m = -2$; $T(0 \mid 3)$; $f(x) = -x^4 + x^2 + 3$

c) Exponentialfunktion, $x = 0$ doppelte Nullstelle; $y = 1$ waagrechte Asymptote

Funktionsterm: $f(x) = (e^x - 1)^2$

Bemerkung: $f(x) = x^2e^x$ strebt gegen Null für $x \to -\infty$.

Lehrbuch Seite 78

15 $f'(x) = x^2 - 4 \Rightarrow f(x) = \frac{1}{3}x^3 - 4x + \frac{16}{3}$

$f'(x) = x^2 - 2x \Rightarrow f(x) = \frac{1}{3}x^3 - x^2 + \frac{4}{3}$

oder

durch Faktorisieren $f(x) = (x - 2)^2x$; $f(x) = -(x - 2)^2(x + 1)$

16 Mit den Bedingungen $f(1) = 0$; $f'(1) = 0$; $f(-2) = 0$ ist der Funktionsterm nicht eindeutig bestimmt.

$f(x) = (x + 2)(x - 1)^2$

oder $f(x) = 3(x + 2)(x - 1)^2$

oder $f(x) = (x + 2)(x - 1)^4$

Lehrbuch Seite 79

17 $K(0) = 36$; $K(6) = 96$; $K'(4) = 4$; $k(4) = 17 \Rightarrow K(x) = x^3 - 9x^2 + 28x + 36$

Aus $K(9) = E(9) = 288$ folgt $p = 32$ und damit $E(x) = 32x$

18 $f(x) = a\sin(bx)$; $f'(x) = ab\cos(bx)$

$x = 3$ ist Maximalstelle möglich bei der Periode $p = 12 \Rightarrow b = \frac{\pi}{6}$

$f'(0) = ab = \frac{\pi}{4}$ mit $b = \frac{\pi}{6}$ folgt für a: $a = \frac{3}{2}$

Funktionsterm $f(x) = \frac{3}{2}\sin(\frac{\pi}{6}x)$

19 $h(t) = a + be^{-0,2t}$; $h'(t) = -0{,}2be^{-0,2t}$

a) $a = 20$ Zimmertemperatur

$h(0) = 90 \Rightarrow b = 70$

b) $h(t) = 20 + 70e^{-0,2t} = 50$

für $t \approx 4{,}2$

Nach etwa 4,2 Minuten.

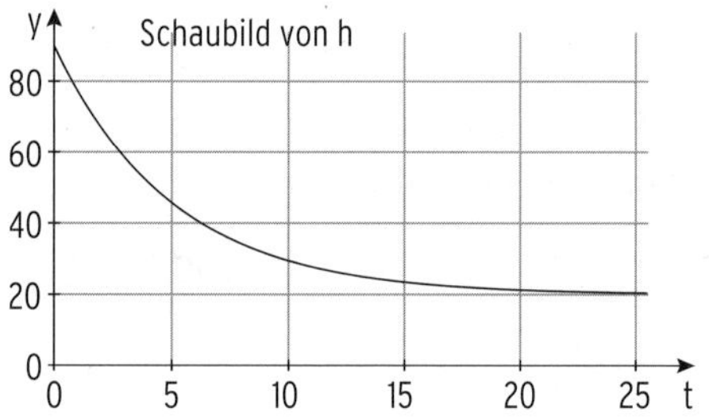

c) $h'(t) = -14e^{-0,2t}$; $h'(1) = -14e^{-0,2} \approx -11{,}5$

$h'(10) = -14e^{-2} \approx -1{,}9$

Nach 1 Minute nimmt die Temperatur um 11,5°/min ab.

Nach 10 Minuten nimmt die Temperatur um 1,9°/min ab.

d) Am Anfang ist die Temperaturabnahme pro Minute am größten.

$h'(0) = -14$ Die Behauptung ist richtig.

Lehrbuch Seite 79

20 Bedingungen

$f(4) = -2$; Punkt $P(4 \mid -2)$

$f'(4) = 0$; waagrechte Tangente in $x = 4$, knickfreier Übergang in $x = 4$.

Der Graph von f ist symmetrisch zum Ursprung.

Die Funktion f mit $f(x) = \frac{1}{64}x^3 - \frac{3}{4}x$ erfüllt alle Bedingungen.

21 $f(t) = 0{,}25te^{-0{,}03t}$; $f'(t) = 0{,}25e^{-0{,}03t}\,(-0{,}03t + 1)$

$f''(t) = 0{,}25e^{-0{,}03t}\,(0{,}0009t - 0{,}06)$;

$f'(t) = 0$ für $t = 33{,}3$ und $f''(33{,}3) < 0$ und $f(33{,}3) = 3{,}06$

Maximale Energiegewinnung von ca. $3\frac{kJ}{s}$ nach etwa 33,3 Sekunden.

Die Behauptung trifft zu.

Lehrbuch Seite 86

1 Seitenlängen a; b; b − 2

Bedingungen: $2a + 2b - 2 = 60 \Leftrightarrow b = -a + 31$; $A = ab$

Inhaltsfunktion: $A(a) = a(31 - a)$; $0 \leq a \leq 31$

Maximal für $a = 15{,}5$ und Seitenlängen $a = 15{,}5 = b$ (Quadrat)

Größter Flächeninhalt: $A(15{,}5) = 240{,}25$

Randwertuntersuchung: $A(0) = 0$; $A(31) = 0$

Ohne rechtwinklig: Sechseck mit $a = \frac{31}{3}$ und $A = 277{,}4$

Kreis mit Radius $r = \frac{31}{\pi}$ und Fläche $A = 305{,}9$

2 Rechteckiges Fenster mit maximalem Inhalt

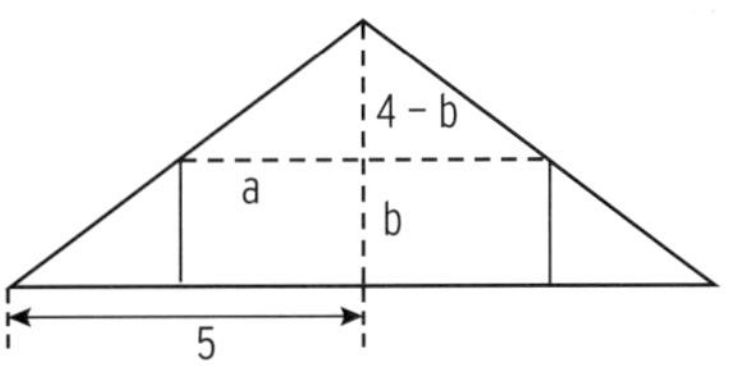

Nach Strahlensatz gilt: $\frac{a}{4-b} = \frac{5}{4}$

Umformung ergibt: $a = \frac{5}{4}(4 - b)$; $0 < b < 4$

Flächenfunktion A mit $A(b) = \frac{5}{4}(4 - b)b$

A wird maximal für $b = 2$.

Randwertuntersuchung: Für $b \to 0$ $A(b) \to 0$; für $b \to 4$ $A(b) \to 0$

Für a erhält man $a = 2{,}5$.

Maße des größtmöglichen Fensters: 5 m und 2 m

Lehrbuch Seite 86

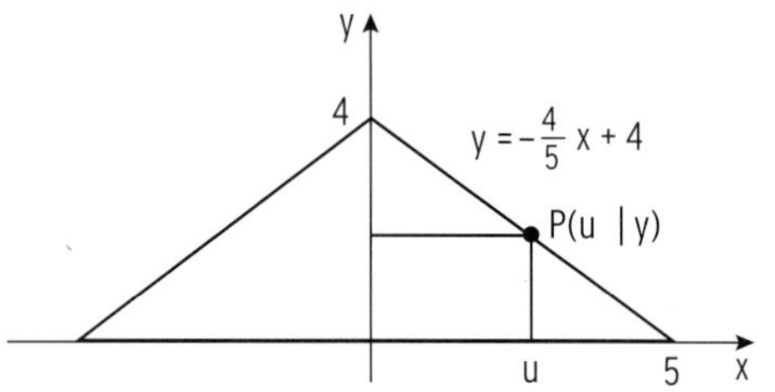

2 Alternative:

Randgerade mit $y = -\frac{4}{5}x + 4$ und

Eckpunkt $P(u \mid -\frac{4}{5}u + 4)$

Flächenfunktion A mit

$A(u) = u \cdot (-\frac{4}{5}u + 4);\ 0 \leq u \leq 5$

A wird maximal für u = 2,5

Randwertuntersuchung: $A(0) = 0;\ A(5) = 0$

Maße des größtmöglichen Fensters: Länge: $2 \cdot 2{,}5\text{m} = 5\text{m}$

Breite: $-\frac{4}{5} \cdot 2{,}5\text{ m} + 4\text{ m} = 2\text{ m}$

3 Schachtelbreite und Länge: $a = b = 12 - 2x$

Schachtelhöhe: $h = x$

Volumenmaßzahl V in Abhängigkeit von x: $V(x) = (12 - 2x)^2x;\ D = [0;\ 6]$

V wird maximal für x = 2.

Randwertuntersuchung: $V(0) = 0;\ V(6) = 0$

V(x) hat in $x_1 = 2$ seinen absolut größten Wert mit V(2) = 128.

4 Der Eckpunkt P liegt auf der Geraden g durch die Punkte A(2 | 0) und B(0 | 3).

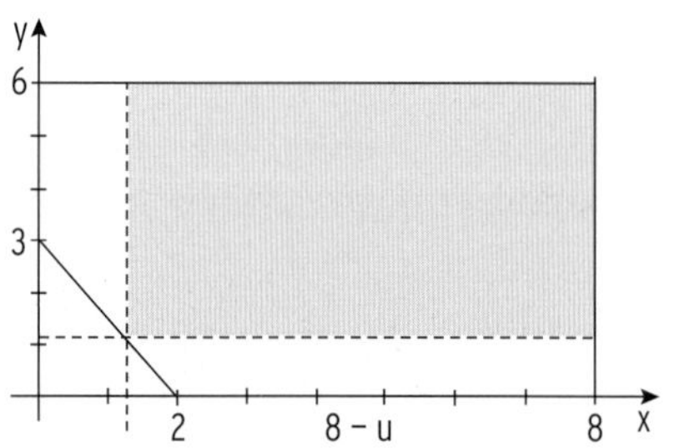

Gleichung der Geraden g mit Steigung

$m = -1{,}5$: $y = -1{,}5x + 3$

Die Punkte P haben die Koordinaten

in Abhängigkeit von u: $P(u \mid -1{,}5u + 3)$

Maßzahl des Flächeninhaltes in Abhängigkeit von u:

$A(u) = (8 - u)(6 - (-\frac{3}{2}u + 3)) = -\frac{3}{2}u^2 + 9u + 24;\ 0 \leq u \leq 2$

$A'(u) = 0$ für u = 3 keine Extremstelle, da $3 \notin D$

Randwertuntersuchung: $A(0) = 24;\ A(2) = 36$

A hat für u = 2 ein absolutes Maximum (Randmaximum):

Länge 6 m; Breite 6 m

Lehrbuch Seite 86

5 $b(v) = 0{,}001v^2 - 0{,}06v + 8$; $v > 25$

$b'(v) = 0{,}002v - 0{,}06$

$b'(v) = 0$ für $v = 30$ Das Schaubild von b ist eine nach oben geöffnete Parabel.

$b(30)$ ist das absolute Minimum.

Bei einer Geschwindigkeit von $v = 30$ km/h ist der Verbrauch am geringsten.

6 Abstand: $d(x) = 0{,}021x^2 - 1{,}072x + 25 - 0{,}2x$

$d(x) = 0{,}021x^2 - 1{,}272x + 25$; $0 \leq x < 70$

d wird minimal für $x = 30{,}3$.

Minimaler Abstand: $d(30{,}3) = 5{,}7$

Randwertuntersuchung: $d(0) = 25$

$x \to 70 \quad d(x) \to 38{,}86$

Der minimale Abstand beträgt 5,7 m, die Vorschrift wird eingehalten.

Lehrbuch Seite 87

7 Volumen $V = \pi r^2 h = 5$: $h = \frac{5}{\pi r^2}$

Oberfläche der Dose: $O(r) = 2\pi r\,h + 2\pi r^2$

Einsetzen von h ergibt: $O(r) = \frac{10}{r} + 2\pi r^2$; $r > 0$

Ableitungen: $O'(r) = -\frac{10}{r^2} + 4\pi r$ $O''(r) = \frac{20}{r^3} + 4\pi > 0$ für $r > 0$

O wird minimal für $O'(r) = 0$ $O'(r) = -\frac{10}{r^2} + 4\pi r$

$10 = 4\pi r^3$

3. Wurzel ziehen $r = 0{,}93$

Höhe: $h = 1{,}84$

Minimale Oberfläche: $O_{min} = O(0{,}93) = 16{,}19$

Randwertuntersuchung: $r \to 0 \quad O(r) \to \infty$

$r \to \infty \quad O(r) \to \infty$

Die minimale Oberfläche beträgt 16,19 dm^2.

Lehrbuch Seite 87

8 f mit $f(x) = -0{,}25x^2 + 4$

Das Volumen ist maximal, wenn die Querschnittsfläche A maximal ist.

$A(u) = 2uf(u) + (4 - u)f(u) = f(u)(u + 4)$

$A(u) = (-0{,}25u^2 + 4)(u + 4) = -0{,}25u^3 - u^2 + 4u + 16$

Zielfunktion: $A(u) = -0{,}25u^3 - u^2 + 4u + 16;\ 0 \leq u \leq 4$

Ableitungen $A'(u) = -0{,}75u^2 - 2u + 4$

$A''(u) = -1{,}5u - 2$

Maximum: $A'(u) = 0$ $-0{,}75u^2 - 2u + 4 = 0$

Lösungen: $u = 1{,}33$ $(u = -4)$

Maximum für $u = 1{,}33$ $A_{max} = A(1{,}33) = 18{,}96$

Randwertuntersuchung: $A(0) = 16;\ A(4) = 0$

Höhe: $f(1{,}33) = 3{,}56$

Hinweis: Für $u = 0$ erhält man ein Dreieck mit dem Inhalt $A = 16$.

9 Nach dem Strahlensatz gilt: $\frac{10 - h}{10} = \frac{r}{6}$

Radius r: $r = \frac{3}{5}(10 - h)$

Volumeninhalt eines Zylinders: $V = \pi r^2 h$

Eingesetzt ergibt: $V(h) = \pi \frac{9}{25} \cdot (10 - h)^2 h$

Definitionsmenge: $D =]0; 10[$

Inhalt des Volumens in Abhängigkeit von h: $V(h) = \frac{9}{25}\pi \cdot (h^3 - 20h^2 + 100h)$

Ableitung: $V'(h) = \frac{9}{25} \pi \cdot (3h^2 - 40h + 100)$

Ansatz: $V'(h) = 0$ $h_1 = \frac{10}{3};\ h_2 = 10$

Randwertuntersuchung: $\lim\limits_{h \to 0} V(h) = 0$

$\lim\limits_{h \to 10} V(h) = 0$

V hat in $h_1 = \frac{10}{3}$ seinen absolut größten Wert.

Der Zylinder mit Höhe $h_1 = \frac{10}{3}$ hat den Grundkreisradius $r_1 = \frac{3}{5}(10 - h_1) = 4$

Verhältnis: $r_1 : h_1 = 4 : \frac{10}{3} = 12 : 10 = 6 : 5$

Lehrbuch Seite 87

10 a) $f(x) = a + bx^3$; dabei ist x die Geschwindigkeit in Knoten.

$f(0) = 1{,}4 \Rightarrow 1{,}4 = a$

$f(12) = 5{,}72 = 1{,}4 + b \cdot 12^3 \Rightarrow b = 0{,}0025$

b) $f(x) = 1{,}4 + 0{,}0025x^3$

Verbrauchte Treibstoffmenge für 800 sm in Abhängigkeit von t:

$G(x) = f(x) \cdot \frac{800}{x} = (1{,}4 + 0{,}0025x^3) \cdot \frac{800}{x} = \frac{1120}{x} + 2x^2$

Zielfunktion: $G(x) = \frac{1120}{x} + 2x^2;\ x > 0$

Ableitung: $G'(x) = -\frac{1120}{x^2} + 4x$

G wird minimal für x = 6,54. Minimaler Verbrauch G(6,54) = 256,8

Randwertuntersuchung: $x \to 0\ \ G(x) \to \infty;\ x \to \infty\ \ G(x) \to \infty$

Der Kapitän sollte eine Geschwindigkeit von ca. 6,5 Knoten wählen.

Lehrbuch Seite 91

1 $T(t) = T_U + (T_0 - T_U)e^{kt}$; $T_0 = 80\ °C$; $T_U = 20\ °C$

einsetzen ergibt: $T(t) = 20 + 60e^{kt}$

Mit $T(30) = 24{,}7 \Rightarrow k = -0{,}085$

Funktionsterm: $T(t) = 20 + 60e^{-0{,}085t}$; $T'(t) = -5{,}1e^{-0{,}085t}$

Abkühlungsvorgang wegen $e^{-0{,}085t} < 1$ bzw. $T'(t) < 0$

$T'(0) = -5{,}1$ Abkühlung um 5,1 °C/min zu Beginn der Messung.

$\lim_{t\to\infty} T(t) = 20$ (Umgebungstemperatur)

$f(t) = 50$ für $t = 8{,}2$

Abnahme in einer Minute um weniger als ein Grad:

$T'(t) > -1$ (Abnahme) für $t > 19{,}16$, also ab der 20. Minute

oder

$T(t) - T(t + 1) < 1$

$60e^{-0{,}085t}(1 - e^{-0{,}085}) < 1$ für $t > 18{,}7$

also ab etwa der 19. Minute

Lehrbuch Seite 91

2 1975: $t = 0$: $f(0) = a = 4{,}1$

1993: $t = 18$: $f(18) = 4{,}1e^{18k} = 5{,}5$

$a = 4{,}1$; $k = 0{,}0163$

Funktionsterm: $f(t) = 4{,}1e^{0{,}0163t}$

2014: $t = 39$: $f(39) = 7{,}74$

Abweichung um 0,54 von 7,2 = 7,5 %

Die Weltbevölkerung entwickelt sich ohne Beschränkung, stets wachsend.

2015: $t = 40$: $f'(40) = 4{,}1 \cdot 0{,}0163e^{0{,}0163 \cdot 40} = 0{,}128...$

Die Weltbevölkerung nimmt 2015 um 128 Mio. Menschen zu.

3 $f(t) = 1000 - 800e^{-0{,}01t}$; $f'(t) = 8e^{-0{,}01t}$

$f'(t) > 0$; die Flüssigkeitsmenge im Behälter nimmt stets zu.

$f'(0) = 8$; $f'(t) \to 0$ für $t \to \infty$

Die Behauptung stimmt.

4 $f(t) = a\,te^{bt}$

Bedingungen: $f(2) = 33{,}8$ $\quad 2ae^{2b} = 33{,}8 \quad (1)$

$f(4) = 24{,}9$ $\quad 4ae^{4b} = 24{,}9 \quad (2)$

Aus (1): $e^{2b} = \frac{16{,}9}{a}$ $\quad (e^{4b} = (e^{2b})^2 = (\frac{16{,}9}{a})^2)$

in (2): $4a(\frac{16{,}9}{a})^2 = 24{,}9$

$\frac{1142{,}44}{a} = 24{,}9 \Rightarrow a = 45{,}88$

Aus $e^{2b} = \frac{16{,}9}{45{,}88} \Rightarrow b = -0{,}5$

$f(t) = 45{,}88\,te^{-0{,}5t}$; $f'(t) = e^{-0{,}5t}(-22{,}94t + 45{,}88)$

$f'(t) = 0$ für $t = 2$

$f(0) = 0$; $f(t) \to 0$ für $t \to \infty$ $\quad \Rightarrow t = 2$ ist Maximalstelle

Die Behauptung stimmt.

Lehrbuch Seite 94

1 a) $v_0 = 20$; $v(4) = 6$ Das Auto hat nach 4 s die Geschwindigkeit 6 m/s.

b) $s(t) = 20t - \frac{7}{4}t^2 + c$ wegen $s'(t) = v(t)$; mit $s(0) = 0$ folgt $c = 0$.

c) $v(t) = 0 \Rightarrow 20 - 3{,}5t = 0 \Rightarrow t = 5{,}71$; Bremsweg: $s(5{,}71) = 57{,}14$

Nach 5,71 s ist die Geschwindigkeit null. Der Bremsweg beträgt 57,14 m.

2 a) Die Geschwindigkeit v (Entfernungsänderung pro s) nimmt bis t = 20 s zu, danach nimmt v ab bis t = 40 (maximale Entfernung zum Herrn), ab t = 40 ist die Entfernungsänderung pro s negativ, der Hund kommt zurück.

b) $s(t) = -0{,}005t^3 + 0{,}3t^2$; t in s

c) $s(20) = 80$; $s(t) = 100$ für $t = 23{,}4$ oder $t = 52{,}8$ (s)

s maximal für $t = 40$: $s_{max} = 160$

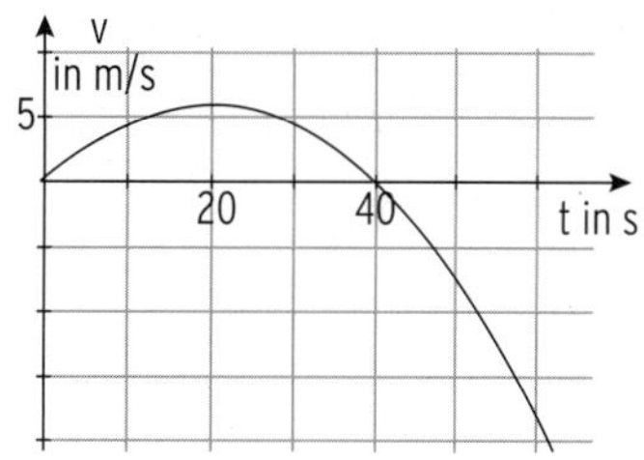

d) $v(t) = s'(t) = -0{,}015\ t^2 + 0{,}6t$; t in s

e) v(t) maximal, wenn $v''(t) = -0{,}03t + 0{,}6 = 0$

für $t = 20$; $v(20) = 6$

Nach 20 s hat er die größte (positive) Geschwindigkeit, 6 m/s = 21,6 km/h

Betrachtet man die Geschwindigkeit betragsmäßig (unabhängig von der Richtung), so ergibt der Vergleich mit $|v(60)| = 18$: Die größte (betragsmäßige) Geschwindigkeit wird nach 60 s erreicht.

Der Hund würde in einer Stunde 64,8 Kilometer zurücklegen.

3 a) $s(0) = 0$; $s'(0) = v(0) = 0$; $s''(0) = 3$; $s''(7{,}5) = 0$

$s(t) = -\frac{1}{15}t^3 + \frac{3}{2}t^2$; $v(t) = s'(t) = -\frac{1}{5}t^2 + 3t$

b) Für $t < 7{,}5$ nimmt die Geschwindigkeit zu:

$s''(t) > 0$ (Wendestelle $t = 7{,}5$)

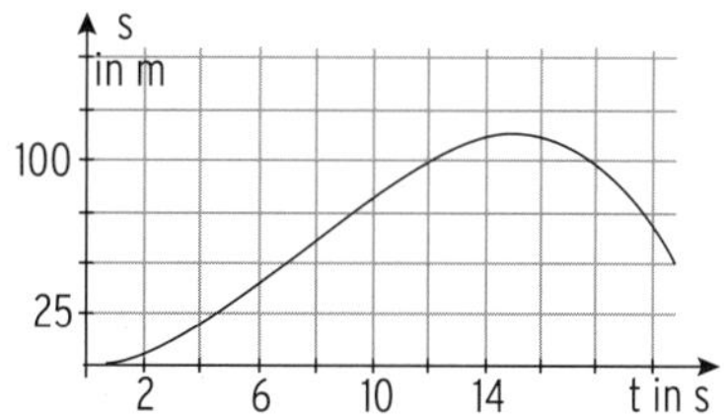

c) Laufzeit $s(t) = 100$ für $t = 11{,}89$ (s)

mit Hilfsmittel oder mit einer verfeinerten Wertetabelle im WTR

d) Mittlere Geschwindigkeit: $v = \frac{100}{11{,}9} = 8{,}4$

Größte Geschwindigkeit:

$v'(t) = s''(t) = 0$ für $t = 7{,}5$; $v_{max} = v(7{,}5) = 11{,}25$

Die größte Geschwindigkeit nach 7,5 s ist 11,25 $\frac{m}{s}$.

Lehrbuch Seite 94

4 $v(t) = s'(t) = 6e^{-0,2t}(-0,2\sin(1,5\pi t) + 1,5\pi\cos(1,5\pi t))$

$v(\frac{2}{3}) = -24,75$ Die Geschwindigkeit nach $\frac{2}{3}$ s (durch die Ruhelage) beträgt (betragsmäßig) $24,75\frac{cm}{s}$.

$v(\frac{4}{3}) = 21,66$

Die Geschwindigkeit nach $\frac{4}{3}$ s (durch die Ruhelage) beträgt $21,66\frac{cm}{s}$.

Die Geschwindigkeit durch die Ruhelage nimmt mit der Zeit ab.

Lehrbuch Seite 95

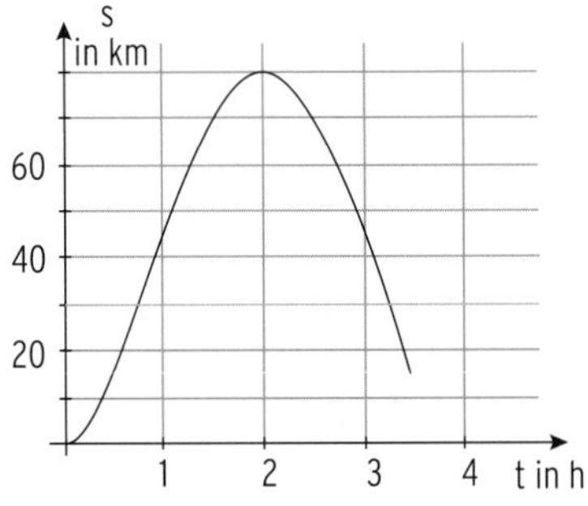

5 a) Schaubild

b) Maximale Entfernung entspricht dem Maximum der Funktion s: H(2 | 80)
Die maximale Entfernung des Zuges vom Ausgangspunkt ist 80 km.

c) $v(t) = s'(t) \Rightarrow v(t) = 20t^3 - 120t^2 + 160t$

d) Maximale Geschwindigkeit entspricht dem Maximum (bzw. Minimum) der Funktion v. HP(0,85 | 61,58)
Die maximale Geschwindigkeit beträgt 61,58 km/h.

6 a) $v(t) = s'(t)$; $v(t) = \omega\, s_0 \cos(\omega t)$; $a(t) = v'(t)$; $a(t) = -\omega^2 s_0 \sin(\omega t)$

b) $v(t) = 0 \Rightarrow \omega\, s_0 \cos(\omega t) = 0$

$\omega t = \frac{1}{2}\pi \Rightarrow \frac{2\pi}{T}\, t = \frac{1}{2}\pi \Rightarrow t_1 = \frac{1}{4}T$; $\quad \omega t = \frac{3}{2}\pi \Rightarrow \frac{2\pi}{T}\, t = \frac{3}{2}\pi \Rightarrow t_2 = \frac{3}{4}T$

Interpretation:

Nach der Zeit $t_1 = \frac{1}{4}T$ bzw. $t_2 = \frac{3}{4}T$ befindet sich der Körper am oberen bzw. unteren Umkehrpunkt (größte Auslenkung) der Schwingung.

c) Bestimmung des Maximums der Funktion a

$a(t) = -\omega^2 s_0 \sin(\omega t)$ wird am größten für $\sin(\omega t) = -1 \Rightarrow \omega t = \frac{3}{2}\pi$

Für $t = \frac{3}{4}T$ wird die Beschleunigung am größten.

Bemerkung: Ohne Berücksichtigung der Richtung der Beschleunigung (d. h. betragsmäßig) wird die Beschleunigung fürt $t_1 = \frac{1}{4}T$ zum ersten Mal am größten.

Interpretation: An den Umkehrpunkten ist die Beschleunigung (betragsmäßig) am größten.

Lehrbuch Seite 95

7 $Q''(t) + \frac{1}{LC} Q(t) = 0$

Mit $Q(t) = Q_0 \sin(\omega t)$; $Q'(t) = Q_0\omega \cos(\omega t)$; $Q''(t) = -Q_0\omega^2 \sin(\omega t)$ folgt:

$-Q_0\omega^2 \sin(\omega t) + \frac{1}{LC} Q_0 \sin(\omega t) = 0 \mid : Q_0 \sin(\omega t) \neq 0$

$-\omega^2 + \frac{1}{LC} = 0 \Rightarrow \omega = \sqrt{\frac{1}{LC}}$

b) $\omega = \sqrt{\frac{1}{LC}} \Rightarrow T = 2\pi\sqrt{LC}$ $C = 0{,}6 \cdot 10^{-6}$ F; $L = 20 \cdot 10^{-3}$ H

$T = 2\pi\sqrt{LC} = 2\pi\sqrt{0{,}6 \cdot 10^{-6} \cdot 20 \cdot 10^{-3}} = 6{,}88 \cdot 10^{-4}$ (s)

Die Schwingungsdauer des Schwingkreises beträgt 0,688 ms.

8 a) Eine Schwingung dauert 40 ms.

In einer Minute ergeben sich 1500 Schwingungen.

b) Tangenten einzeichnen und die Steigungen grafisch bestimmen.

$A'(0) = \frac{45\text{cm}^2}{0{,}01\text{ s}} = 4500 \frac{\text{cm}^2}{\text{s}} = 0{,}45 \frac{\text{m}^2}{\text{s}}$

$A'(10) = 0 \frac{\text{m}^2}{\text{s}}$

$A'(20) = -0{,}45 \frac{\text{m}^2}{\text{s}}$

c) $U_{ind}(t) = n\Phi' = n\,B\,A'(t)$

$U_{ind}(t) = 50 \cdot 0{,}02 \cdot A'(t) = A'(t)$

(t in s; $A'(t)$ in $\frac{\text{m}^2}{\text{s}}$; U_{ind} in V)

$U_{ind}(t)$ wird am größten, wenn $A'(t)$ am größten wird.

Dies trifft für t = 0 zu. Größte induzierte Spannung: U = 0,45V

Lehrbuch Seite 100

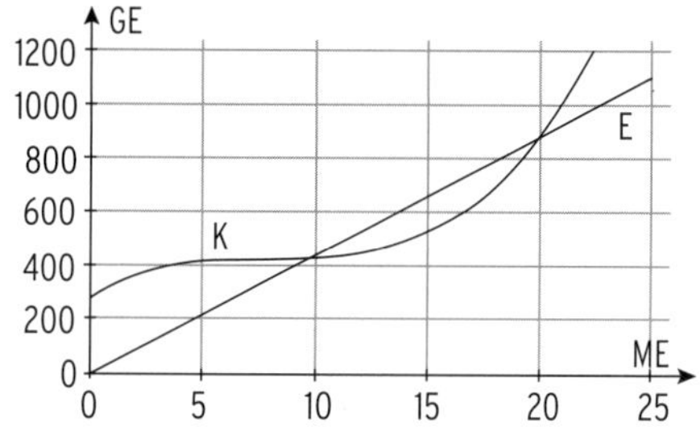

1 a) Zeichnung: $E(x) = 44x$

b) Gewinnfunktion G:

$G(x) = -\frac{1}{4}x^3 + 6x^2 - 6x - 280$

$G(6) = -154$; Verlust

$G(20) = 0$ Kostendeckung

Der maximale Gewinn liegt bei 15,48 ME und beträgt 137,53 GE.

c) $\frac{K(15) - K(10)}{5} = \frac{93{,}75}{5} = 18{,}75$

d) Minimaler Kostenzuwachs: $K''(x) = 0 \Rightarrow x = 8$; $K'(8) = 2$

Die Stelle mit minimalem Kostenzuwachs ist die Wendestelle. Wird die Produktion von 8 ME auf 9 ME erhöht, so beträgt der Kostenzuwachs 2 GE.

Lehrbuch Seite 100

2 $K(x) = x^3 - 9x^2 + 40x + 94$; $K'(x) = 3x^2 - 18x + 40$; $K''(x) = 6x - 18$

a) Minimaler Kostenzuwachs: $K''(x) = 0$ für $x = 3$; $K'(3) = 13$

Die Stelle mit minimalem Kostenzuwachs ist die Wendestelle. Wird die Produktion von 3 ME auf 4 ME erhöht, so beträgt der Kostenzuwachs 13 GE.

b) Variable Stückkosten $k_v(x) = x^2 - 9x + 40$

Minimal, wenn $k'_v(x) = 0$ für $x = 4{,}5$

Minimale variable Stückkosten $k_v(4{,}5) = 19{,}75$

Wenn die fixen Kosten in Kauf genommen werden, beträgt der minimale Verkaufspreis 19,75 GE/ME.

3 Gewinnfunktion G mit $G(x) = ax^3 + bx^2 + cx + d$

Bedingungen: $G'(11) = 0$; $G(11) = 797$; $G(0) = -50$; $G''(5) = 0$

Funktionsterm: $G(x) = -x^3 + 15x^2 + 33x - 50$

4 $K(x) = x^3 - 12x^2 + 58x + 50$;

Variable Stückkosten $k_v(x) = x^2 - 12x + 58$

Minimal, wenn $k'_v(x) = 0$ für $x = 6$ (Betriebsminimum)

Minimale variable Stückkosten $k_v(6) = 22$ (kurzfristige Preisuntergrenze)

5 $K(x) = 0{,}2x^3 - 11x^2 + 220x + 3675$; $k(x) = 0{,}2x^2 - 11x + 220 + \frac{3675}{x}$;

$k'(x) = 0{,}4x - 11 - \frac{3675}{x^2}$

Stückkosten minimal wenn $k'(x) = 0$

$k'(34) = -0{,}58$; $k'(35) = 0$; $k'(36) = 0{,}56$

Das Betriebsoptimum liegt bei $x = 35$.

Lehrbuch Seite 101

6 $K'(x) = 2x^2 - 16x + 40$

(2): Funktion der Gesamtkosten: $K(x) = \frac{2}{3}x^3 - 8x^2 + 40x + 28$

(3): Funktion der variablen Gesamtkosten: $K_v(x) = \frac{2}{3}x^3 - 8x^2 + 40x$

(4): Funktion der variablen Stückkosten: $k_v(x) = \frac{2}{3}x^2 - 8x + 40$

(1): Funktion der gesamten Stückkosten: $k(x) = \frac{2}{3}x^2 - 8x + 40 + \frac{28}{x}$

Lehrbuch Seite 101

7 a) Gewinnschwelle: 5,1 ME

Gewinngrenze: 9,1 ME

Preis in GE pro ME:

$\frac{55}{9} \approx 6{,}1$

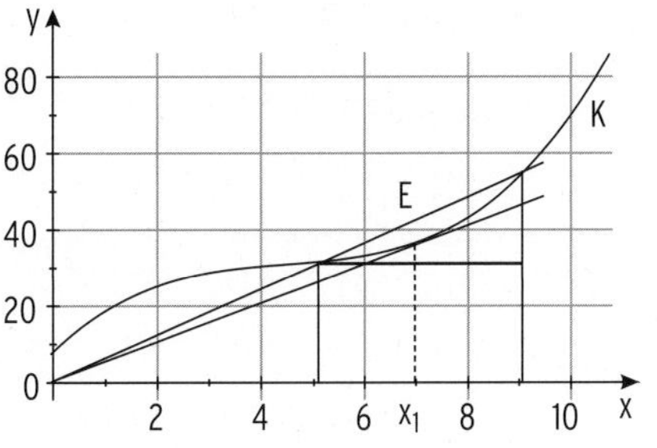

b) Die Tangente an K in x_1 ist eine Ursprungsgerade mit der Steigung

$m = \frac{K(x_1)}{x_1}$; m entspricht den Stückkosten für die Produktion von x_1 ME

In x_1 sind die Stückkosten am geringsten.

8 $K(x) = 0{,}2x^3 - 3x^2 + 20x + 54$; $K'(x) = 0{,}6x^2 - 6x + 20$;

$K(7{,}5) = 119{,}625$; $K'(7{,}5) = 8{,}75$

Die Gerade mit $y = 8{,}75x + 54$ geht durch $P(7{,}5 \mid 119{,}625)$ mit Steigung 8,75.

Die Gerade berührt das Schaubild von K in P.

Kurzfristige Preisuntergrenze: 8,75

Betriebsminimum: $x = 7{,}5$

9 a: Schaubild einer Gesamtkostenfunktion

b: Erlösgerade

c: Gewinngrenze

d: Gewinnschwelle

e: Gewinnmaximale Ausbringungsmenge

f: Schaubild einer Gewinnfunktion

 ISBN 978-3-8120-3338-1

Lehrbuch Seite 106

1 a) $F(x) = 6x$ b) $F(x) = 3{,}5x^2 + ax$

c) $F(x) = 4x - 1{,}5x^2 + \frac{5}{6}x^3$

d) $f(x) = x^2 + x - 6 \Rightarrow F(x) = \frac{1}{3}x^3 + \frac{1}{2}x^2 - 6x$

e) $f(x) = 4x^3 - 3x^2 \Rightarrow F(x) = x^4 - x^3$

f) $f(x) = x^{-2} \Rightarrow F(x) = -\frac{1}{x}$

g) $F(x) = -0{,}5x^4 + 0{,}5bx^2$ h) $F(x) = \frac{3}{5}x^5 - \frac{1}{6}x^3 - x$

i) $f(x) = 2{,}5(x^3 - 2x^2 + x) \Rightarrow F(x) = \frac{5}{2}\left(\frac{1}{4}x^4 - \frac{2}{3}x^3 + \frac{1}{2}x^2\right) = \frac{5}{8}x^4 - \frac{5}{3}x^3 + \frac{5}{4}x^2$

j) $F(x) = \frac{a}{5}x^5 + \frac{b}{4}x^4 + \frac{c}{2}x^2$

k) $F(x) = \frac{t}{5}x^5 - \frac{1}{6}t^2x^3$

l) $F(x) = -\frac{2}{3}\left(\frac{1}{5}x^5 + 2x^3 - 3x\right) = -\frac{2}{15}x^5 - \frac{4}{3}x^3 + 2x$

2 a) $F(x) = x + \frac{5}{2}\cos(x)$ b) $F(x) = -2\sin(x) - \frac{1}{3}x^3$ c) $F(x) = tx - t^2\cos(x)$

d) $F(x) = \frac{1}{6}x^2 - \frac{3}{2}e^x$ e) $F(x) = t(e^x - x)$ f) $F(x) = -\frac{1}{72}tx^4 - \sin(x)$

g) $F(x) = (t + 1) \cdot (-\cos(x) - 0{,}5x^2) = -(t + 1) \cdot (\cos(x) + 0{,}5x^2)$

h) $F(x) = -4e^x - \frac{1}{4}x^2 + 4x$ i) $F(x) = -\left(\frac{2}{3}e^x - 3x\right)$

j) $F(x) = e \cdot e^x + \frac{e}{2}x^2$ k) $F(x) = e^x(1 - e)$ l) $F(x) = ae^x + bx$

3 a) $F(x) = \frac{1}{3}(x - 2)^3$ b) $F(x) = -\frac{1}{2x}$

c) $f(x) = tx^3 - t^2x^2 \Rightarrow F(x) = \frac{1}{4}tx^4 - \frac{t^2}{3}x^3$

d) $f(x) = x^{0,5} \Rightarrow F(x) = \frac{2}{3}x^{1,5}$

e) $F(x) = 0{,}5x^2 + 3\cos(x)$ f) $F(x) = 3e^{x-1} - x^3$

4 Stammfunktion F von f mit $F(1) = 0$

a) $F(x) = 3e^x - 2x^2 + c$ für $c = 2 - 3e$ b) $F(x) = 0{,}5x^2 - \frac{2}{x} + c$ für $c = 1{,}5$

c) $F(x) = 0{,}5\cos(x) + c$ für $c = -0{,}5\cos(1)$

5 a) $f'(x) = (2x - 2)e^x$ Einsetzen ergibt die Beziehung

b) Stammfunktion von f: $f(x) = f'(x) - 2e^x$

Integration: $F(x) = f(x) - 2e^x = (2x - 4)e^x - 2e^x = (2x - 6)e^x$

Lehrbuch Seite 107

1 $F(x) = -2x^4 + \frac{1}{3}x^3 - 3x + \frac{4}{3}$

2 $F(x) = \frac{1}{9}x^3 - 4\cos(x) + c$; Punktprobe mit $P(\pi \mid 0)$ ergibt $c = -\frac{1}{9}\pi^3 - 4$

3 $f'(x) = 4x^3 - 2x^2 + e^x + b$; $f(x) = x^4 - \frac{2}{3}x^3 + bx + e^x + c$

$f(0) = 0$; $f'(0) = 2 \Rightarrow f(x) = x^4 - \frac{2}{3}x^3 + x + e^x - 1$

4 $F(x) = -\frac{1}{3}x^4 + x^2 + 4x - 1$

Lehrbuch Seite 110

1 A: Das Schaubild von f ist symmetrisch zur y-Achse,
f hat 4 Nullstellen und
3 Extremstellen.

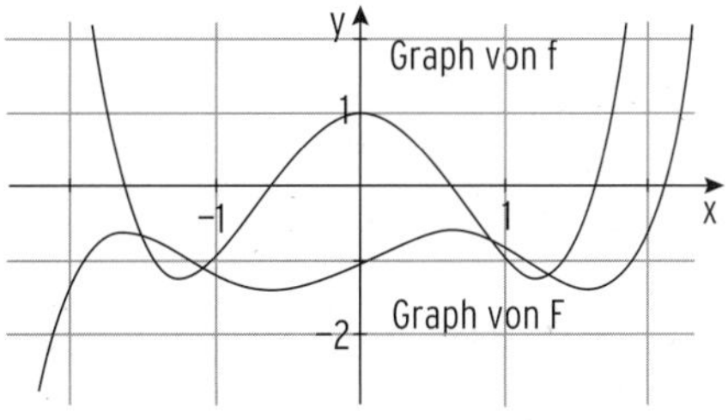

B: Das Schaubild von f ist symmetrisch zum Ursprung.
f hat 3 Nullstellen und
2 Extremstellen.

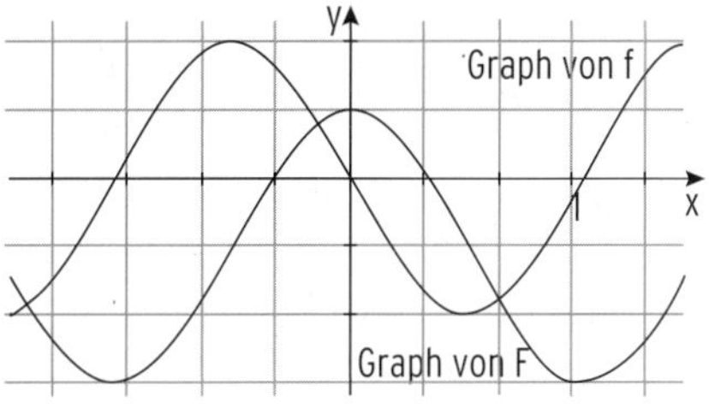

C: F hat auf dem abgebildeten Bereich 2 Wendestellen und eine Extremstelle.
f hat eine doppelte und eine einfache Nullstelle. f hat 2 Extremstellen.
Keine Symmetrie erkennbar.

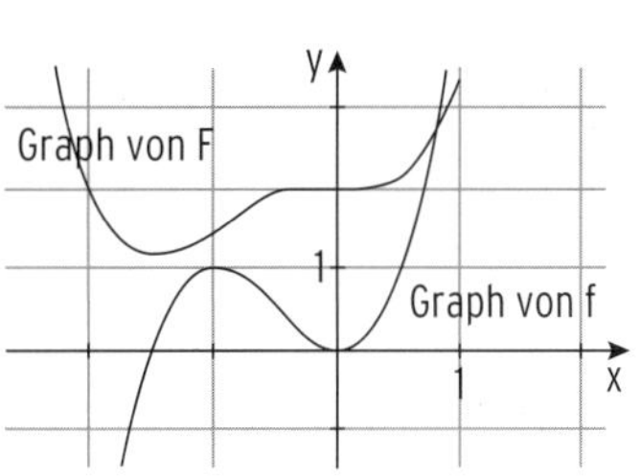

2 Die einfachen Nullstellen von f sind Extremstellen von F.
Die Extremstellen von f sind die Wendestellen von F.

A: F hat drei Extremstellen und zwei Wendestellen

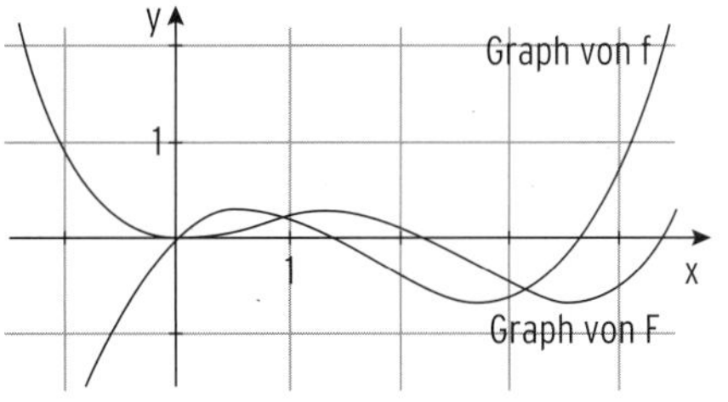

Lehrbuch Seite 110

2 B: F hat eine Minimalstelle
und eine schiefe Asymptote
mit Steigung 2

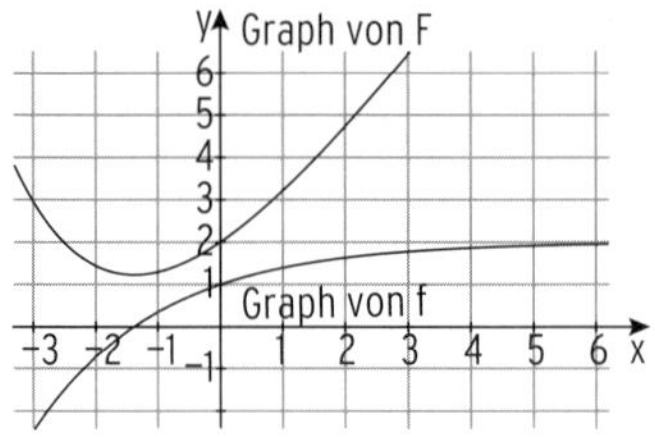

C: F hat zwei Extremstellen
und eine Wendestelle

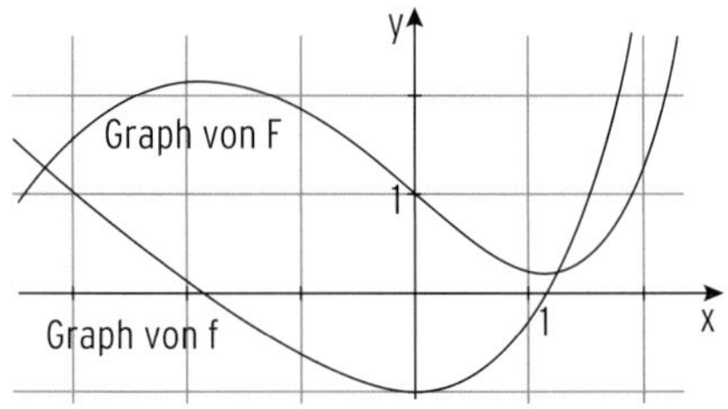

3

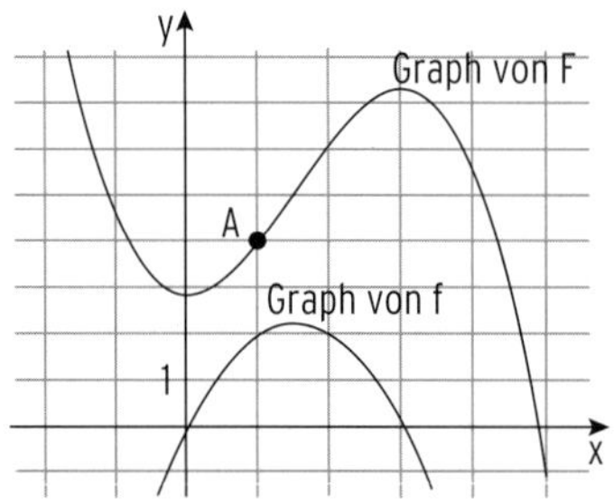

4 Das Schaubild in Abb. B zeigt keine Stammfunktion von f, weil
die einfachen Nullstellen von f hier keine Extremstellen von F sind
Die Extremstelle von f ist nicht die Wendestelle von F.
Abb. A zeigt das Schaubild einer Stammfunktion von f.

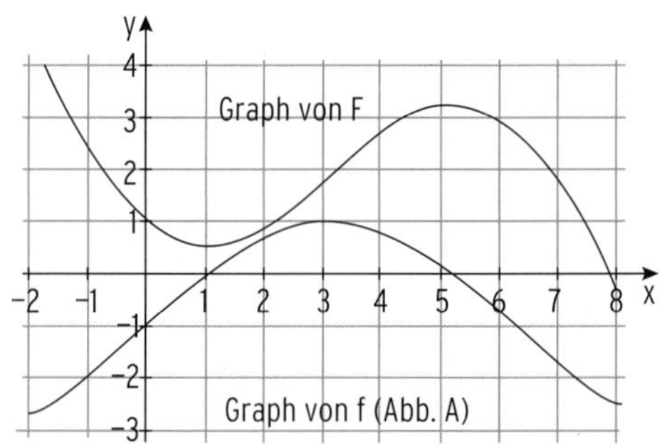

Lehrbuch Seite 111

5

A

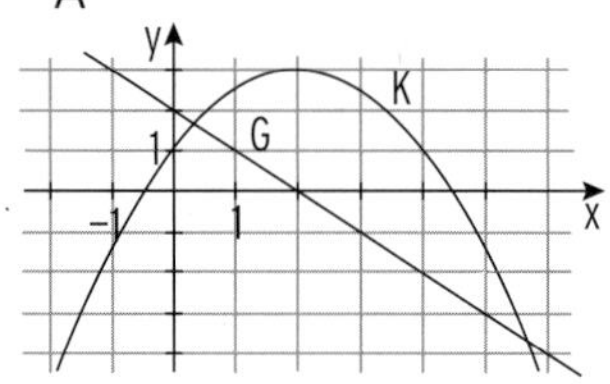

K: Schaubild von F
Extremstelle von F (x = 2) ist einfache Nullstelle von f.

B

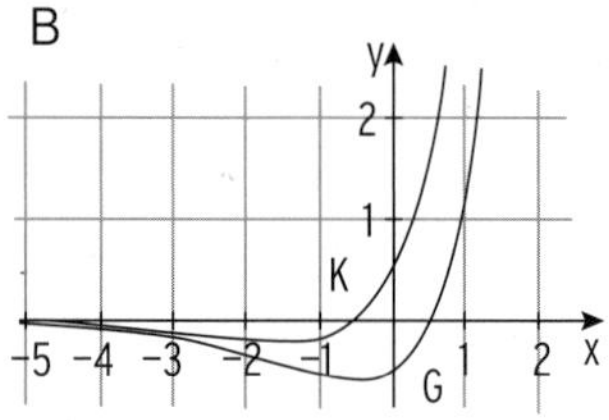

G: Schaubild von F
Extremstelle von F (x = − 0,5) ist einfache Nullstelle von f.

C

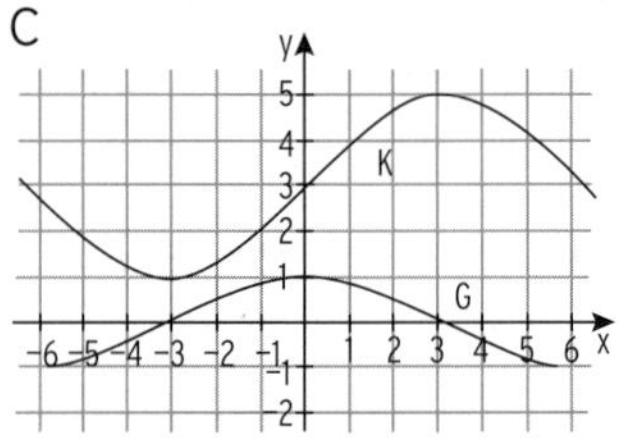

K : Schaubild von F
Extremstelle von F (x = 3) ist einfache Nullstelle von f.

Lehrbuch Seite 111

6 F(x) + c ist Stammfunktion von f

Das Schaubild von F lässt sich so in y-Richtung verschieben, dass es durch den Ursprung verläuft.

Ausnahme: x = 0 ist Definitionslücke, z.B.: $f(x) = \frac{1}{x^2}$; $F(x) = -\frac{1}{x} + c$

7 Stammfunktion F von f: $F(x) = \frac{1}{40}x^5 - \frac{2}{3}x^3 + x$

G mit $G(x) = \frac{1}{40}x^5 - \frac{2}{3}x^3 + x + 1$

H mit $H(x) = \frac{1}{40}x^5 - \frac{2}{3}x^3 + x - 5$

$F(2) - F(1) = G(2) - G(1) = H(2) - H(1) = -\frac{347}{120}$

Für die Differenzbildung spielt c keine Rolle.

8 Durch Ableiten von F: F ist Stammfunktion von f, denn $F'(x) = f(x)$.

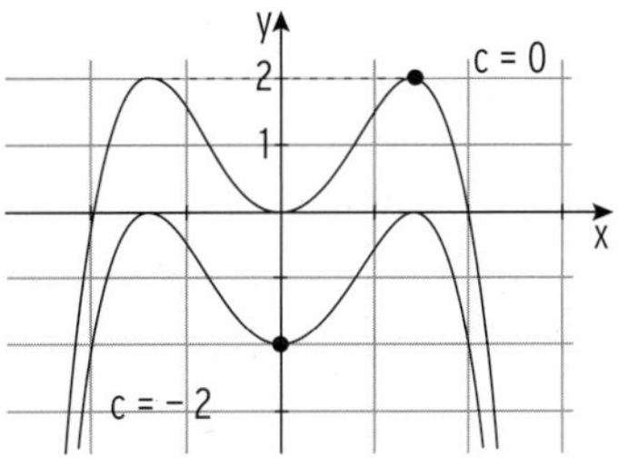

9 Stammfunktionen F mit $F(x) = -0{,}5x^4 + 2x^2 + c$

Für $c < -2$ hat F nur negative Funktionswerte.

Für c = 0: Hochpunkte $H(\pm\sqrt{2} \mid 2)$

10 In x_0 hat das Schaubild einer zugehörigen Stammfunktion F eine Extremstelle, wenn x_0 einfache Nullstelle von f ist.

Ist x_0 doppelte Nullstelle von f, so hat F eine Wendestelle in x_0.

11 Bedingungen, die das Schaubild G einer Stammfunktion von f erfüllen muss:

G ist punktsymmetrisch, G hat Extrempunkte bei $x = \pm 3{,}2$

G hat Wendepunkte bei x = 0 und $x = \pm 2$.

A ist nicht das Schaubild einer Stammfunktion F von f, denn

$F'(1) > 0$ aber $f(1) < 0$; $F'(x) = 0$ für $x = x_0 < 3$

C ist nicht das Schaubild einer Stammfunktion F von f, denn

C ist nicht punktsymmetrisch, $F'(x) < 0$ für $x < -1$ aber z. B $f(-4) > 0$

B ist das Schaubild einer Stammfunktion F von f.

Lehrbuch Seite 112

1 a) $7x + c$ b) $\frac{1}{9}x^3 + \frac{5}{2}x^2 - 3x + c$ c) $x + c$

d) $2\cos(x) - \sin(x) + c$ e) $\frac{a}{4}x^4 + \frac{b}{2}x^2 + cx + d$

Lehrbuch Seite 112

1 f) $\frac{1}{5}x^5 - \frac{1}{5}x^3 + \frac{1}{2}x^2 - x + c$ g) $-\frac{0{,}5}{x} - 0{,}25e^x + c$

h) $t(\frac{1}{2}x^2 + 2\sin(x)) + c$ i) $-e^{-t} + 4e^t + c$

j) $\frac{4}{3}e^t + c$ k) $\frac{1}{24}t^3 + \frac{5}{6}t^2 + c$ l) $\frac{1}{7}(\frac{1}{3}u^3 - u) + c$

Lehrbuch Seite 114

1 a) $\frac{6}{5}e^{\frac{1}{2}x} + x + c$ b) $-\frac{1}{8}e^{4x-2} - 2x + c$ c) $\frac{1}{6}e^{5-4x} - \frac{1}{2}x^2 + c$

d) $\frac{1}{4}x^2 - \frac{4}{3}\cos(1-3x) + c$ e) $\frac{2}{3}x^3 - \frac{1}{2}tx^2 + \frac{1}{4}\sin(4x) + c$

f) $\frac{e}{2}x^2 + 2e^{1-x} + c$ g) $\frac{5}{4}\sin(2x+1) + c$

h) $\frac{1}{6}x^6 - \frac{2}{\pi}\sin(\pi x) + c$ i) $x - \frac{4}{9}x^3 + 3\pi\cos(\frac{x}{\pi}) + c$

Lehrbuch Seite 116

1 a) $\int f(x)dx = F(x) = \frac{6}{35}x^5 - \frac{3}{2}(-\frac{1}{4}e^{-4x} + x) = \frac{6}{35}x^5 + \frac{3}{8}e^{-4x} - \frac{3}{2}x$

b) $\int f(x)dx = -\frac{1}{8}\sin(4x-2) + \frac{4}{3}(\frac{1}{3}x^3 + \frac{1}{2}x^2) = -\frac{1}{8}\sin(4x-2) + \frac{4}{9}x^3 + \frac{2}{3}x^2$

c) $\int f(x)dx = -\frac{1}{120}x^6 - \frac{2}{15}x^3 + \frac{1}{200}x^2$

d) $\int f(x)dx = \frac{a}{5}x^5 + \frac{1}{4}x^4 + \frac{1}{15}x^3 + dx$

e) $\int f(x)dx = \frac{2}{3\pi}x^3 - \frac{\pi}{2}x^2 - 2\cos(\pi + x)$ f) $\int f(x)dx = \frac{a}{3b}e^{bx+c} - \frac{a}{4}x^2$

2 a) $F(x) = -12e^{-0{,}25x} + \frac{1}{2}x^2 + 15$ b) $F(x) = \frac{1}{4}x^4 - \frac{1}{5}x^5 + 2x + 3$

c) $F(x) = \frac{1}{3}x^3 + \frac{3}{2}\cos(2x) + \frac{3}{2}$

d) $F(x) = \frac{1}{2}\sin(2x-1) + \frac{1}{2}\sin(-1) + 3$

3 a) Mit $F(-1) = 2$: $F(x) = -0{,}125e^{-2x} + \frac{1}{3}x^3 + 3x + \frac{16}{3} + \frac{1}{8}e^2$

b) $F(2) = \frac{2}{3}$: $F(x) = x - \frac{2}{3}x^3 + 4$

c) Nullstelle in $x_0 = -1$: $F(x) = 3x^2 + \frac{8}{\pi}\cos(\frac{\pi}{2}x) - 3$

d) Mit $F(-1) = -3$: $F(x) = 6x + \frac{12}{x} + 15$

e) Mit $F(0) = -1$: $F(x) = x^3 - 3x^2 - 1$

Lehrbuch Seite 116

4. a) $F(x) = \frac{1}{3}(3 + x)^3$ b) $F(x) = -\frac{1}{10}(2x - 2)^5$
   c) $F(x) = \frac{1}{12}(2x - 3)^3$

5. F ist eine Stammfunktion von f, dies wird durch Ableiten gezeigt.
   $F(x) = -\frac{x}{e^x} = -xe^{-x}$ $F'(x) = f(x)$

6. $F(x) = 2(\sin(x) - x\cos(x)) + 4$
   Ableitung von F: $F'(x) = 2\cos(x) - 2(\cos(x) - x\sin(x)) = 2x\sin(x) = f(x)$

7. $f(x) = (2x + 1)e^{1+x}$; $f'(x) = (2x + 3)e^{1+x} = (2x + 1 + 2)e^{1+x}$
   Stammfunktion von f: $F(x) = (2x + 1 - 2)e^{1+x} = (2x - 1)e^{1+x}$
   Probe durch Ableiten

8. a) Durch Ableiten von F: $F'(x) = f(x)$
   b) F hat höchstens eine Extremstelle, da f höchstens eine Nullstelle hat.

9. a) $F(x) = tx(x - 2)^2$ ist Stammfunktion von f mit
   $f(x) = -\frac{3}{2}x^2 + 4x - 2$ für $t = -0{,}5$
   b) $F(x) = t\cos(tx)$ ist Stammfunktion von f mit
   $f(x) = -\frac{1}{16}\sin(\frac{x}{4})$ für $t = 0{,}25$

Lehrbuch Seite 122

1. a) 7,5 b) − 127,4 c) − 2,80
   d) 6,52 e) 0 f) 0
   g) 7,5a + 63,75 h) $\frac{1}{5}x^5 - \frac{1}{12}x^3 + \frac{86}{15}$ i) $\frac{23}{20}$

2 Stammfunktion: $F(x) = e^x - \frac{e}{2}x^2$

$F(2) - F(0) = e^2 - 2e - 1$

3 Stammfunktion: $F(x) = \frac{1}{2}x^2 + 3x$; $\frac{3}{2}a^2 + 3a = 6$ für $a_1 = 1{,}24$ und $a_2 = -3{,}24$

4 $\int_{-2}^{a}(-x^2 - 2x)dx = \left[-\frac{1}{3}x^3 - x^2\right]_{-2}^{a} = -\frac{1}{3}a^3 - a^2 + \frac{4}{3}$

5 a) $F'(t) = f(t)$ mit Produktregel und Kettenregel ableiten
   b) $\int_0^5 f(t)dt = 18{,}04$

Lehrbuch Seite 122

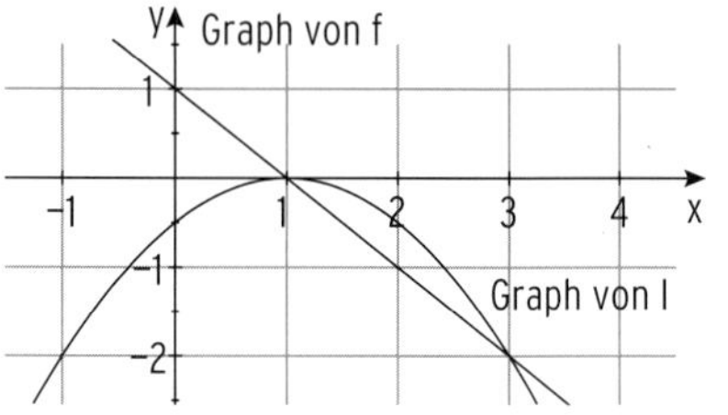

6 $f(t) = -t + 1$; $\int_1^x f(t)dt = [-0{,}5t^2 + t]_1^x$

$= -0{,}5x^2 + x - 0{,}5$

$I(x) = -0{,}5x^2 + x - 0{,}5$; $I(1) = 0$

Die Nullstelle von f ist die Extremstelle von I.

$x = 1$ ist Nullstelle von I.

Es gilt: $I'(x) = f(x)$.

Lehrbuch Seite 125

1 $\int_{-2}^{2} f(x)\,dx = 3 \Rightarrow \int_{-2}^{2} 2f(x)\,dx = 6$

$\int_{-2}^{2} (f(x) + 1)\,dx = \int_{-2}^{2} f(x)dx + \int_{-2}^{2} 1dx = 3 + 4 = 7$

$\int_{-2}^{2} (-f(x))dx = -3$; $\int_{2}^{-2} (-f(x))dx = 3$

2 $\int_{-1}^{1} ax^2(x - 1)\,dx = a \int_{-1}^{1} (x^3 - x^2)\,dx = -\frac{2}{3}a$

Ausklammern des konstanten Faktors

3 a) $\int_{-1}^{1} (x^3 + 1)\,dx = -\int_{-1}^{1} (-1 - 4x)\,dx + \int_{-1}^{1} (x^3 - 4x)\,dx$

b) $\int_0^{\pi} \sin(x)\,dx = \int_0^{1} \sin(x)\,dx + \int_1^{\pi} \sin(x)\,dx$

4. $\int_1^a f(t)dt = a^3 + a - 2$; $\int_a^1 f(x)dx = 2 - a - a^3$; $\int_1^a (-f(x))dx = 2 - a - a^3$

$\int_1^4 f(x)dx = 66$

5 $\int_1^4 f(x)dx = \int_{-1}^{4} f(x)\,dx - \int_{-1}^{1} f(x)dx = 25 - 4 = 21$; $\int_4^{-1} f(x)dx = -25$

$\int_a^a f(x)dx = 0$

6 $f(x) = \frac{1}{5}x^4 + x^2 + 1$

a) falsch: $\int_1^4 f(x)dx = -\int_4^1 f(x)dx$

b) wahr; Intervalladditivität

c) wahr; Vertauschen der Intervallgrenzen

d) falsch, wegen Symmetrie zur y-Achse

Lehrbuch Seite 125

7 a) $\int_0^3 f(x)\,dx = 6{,}75$ b) $\int_0^3 (-f(x))\,dx = -6{,}75$

c) $\int_1^4 f(x-1)\,dx = 6{,}75$ d) $\int_{-3}^0 f(x)\,dx = 6{,}75$

e) $\int_0^3 (f(x)-1)\,dx = 3{,}75$ f) $\int_{-3}^3 f(x)\,dx = 2 \cdot 6{,}75 = 13{,}5$

Lehrbuch Seite 130

1 a) Nullstellen: – 1; 2
Skizze:

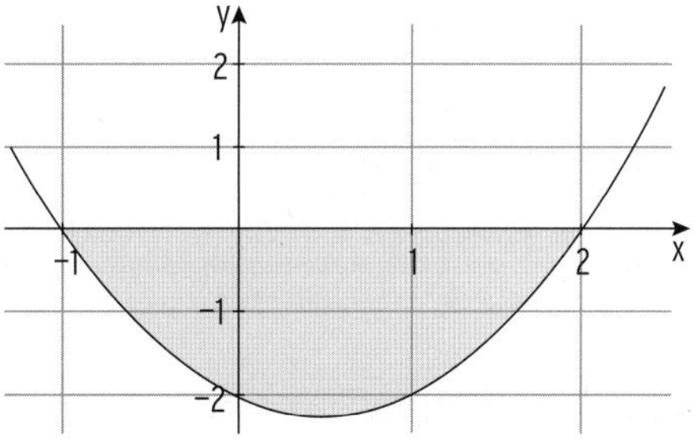

$\int_{-1}^{2} (x-2)(x+1)dx$

$= \int_{-1}^{2} (x^2 - x - 2)dx = -\frac{9}{2};\ A = \frac{9}{2}$

$F(x) = \frac{1}{3}x^3 - \frac{1}{2}x^2 - 2x$

b) Nullstellen: 0 ; 6
Skizze:

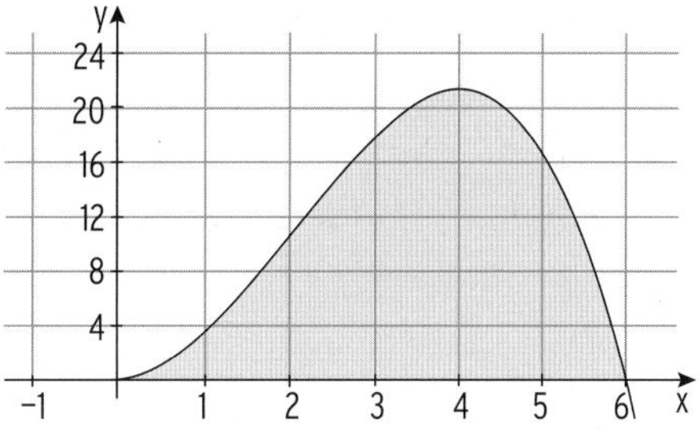

$\int_0^6 (-\frac{2}{3}x^3 + 4x^2)dx = 72;$

$F(x) = -\frac{1}{6}x^4 + \frac{4}{3}x^3$

c) Nullstellen: 0; 3
Skizze:

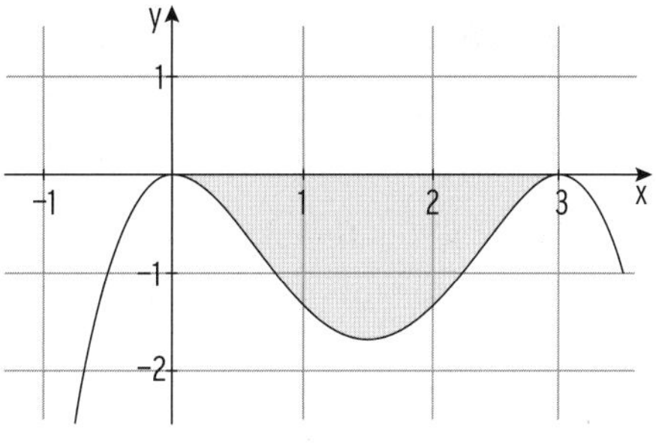

$\int_0^3 (-\frac{1}{3}x^4 + 2x^3 - 3x^2)dx = -\frac{27}{10};$

$A = \frac{27}{10}$

$F(x) = -\frac{1}{15}x^5 + \frac{1}{2}x^4 - x^3$

2 a) Kein Vorzeichenwechsel von f(x) auf dem Intervall [– π; 1].

$\int_{-\pi}^{1} (\cos(x) + 2)dx = 9{,}12$

b) Kein Vorzeichenwechsel auf dem Intervall [– 1; 0].

$\int_{-1}^{0} (\frac{1}{4}x^3 - \frac{3}{4}x^2 + 5)\,dx = 4{,}69$

Lehrbuch Seite 130

3. T (4 | 1);

$\int_0^4 (\frac{1}{8} x^3 - \frac{3}{4} x^2 + 5)\, dx = 12;$

A = 12

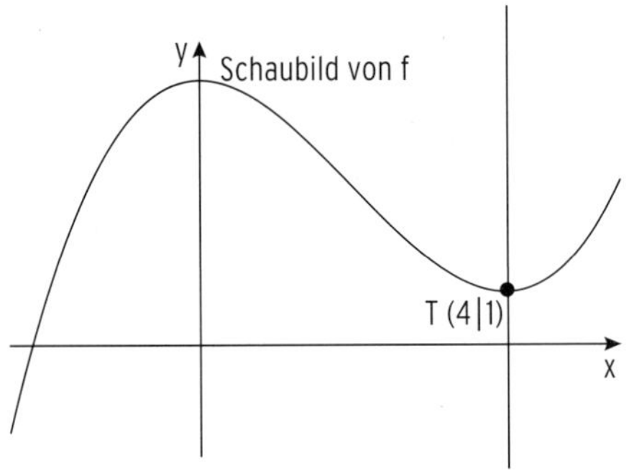

Lehrbuch Seite 131

4. $F(x) = 3x + 0{,}5e^{-x}$ $\int_{-\ln 6}^{0} f(x)dx = 3\ln(6) - 2{,}5$

5 $\int_{-1}^{3} (-x + 1)dx = 0$

Die Fläche oberhalb der x-Achse hat den gleichen Flächeninhalt wie die Fläche unterhalb der x-Achse.

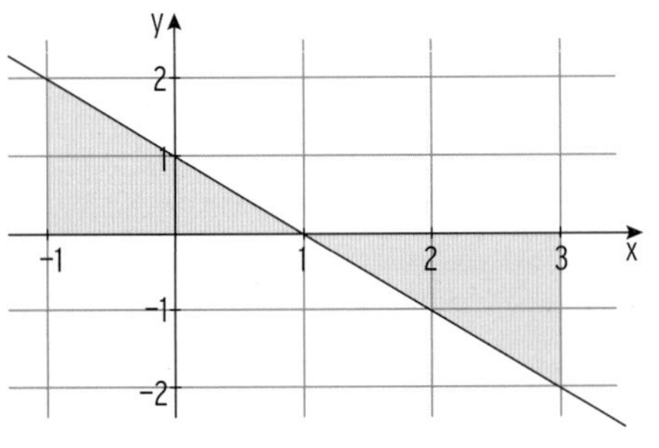

6 $F(x) = \frac{6}{\pi} \sin(\frac{\pi}{6}(x - 1));$

$\int_0^1 \frac{6}{\pi} \cos(\frac{\pi}{6}(x - 1))dx = 0 + \frac{6}{\pi} \cdot \frac{1}{2} = \frac{3}{\pi}$

7 a) $\int_{-2}^{0} (x^3 + 2x^2 + x + 2)dx = \frac{10}{3}$

b) Nullstelle aus der Zeichnung und Probe: f(0) = 0

$\int_{-2}^{0} (-x + e^{0,5x} - 1)dx = 1{,}26;$ $\int_0^2 (-x + e^{0,5x} - 1)dx = -0{,}56;$

A = 1,26 + 0,56 = 1,82

c) Schnittstelle von K_3 und der Geraden mit der Gleichung y = 2 ist x = 0,71.

$A = A_R + \int_{0,71}^{2} \frac{1}{x^2}\, dx = 2 \cdot 0{,}71 + 0{,}91 = 2{,}33$

Lehrbuch Seite 131

8 $f(x) = \frac{1}{4}x^3 - \frac{3}{2}x^2 + 2x$; $N_1(0 \mid 0)$; $N_2(2 \mid 0)$; $N_3(4 \mid 0)$

$\int_0^2 f(x)dx = 1$; $\int_2^4 f(x)dx = -1$; $A_1 = 1 = A_2$

oder: Der Graph von f ist punktsymmetrisch zu $W(2 \mid 0)$.

9 K: $f(x) = (4x + 4)e^{-0,5x}$

a) $F'(x) = f(x)$ mit der Produktregel und der Kettenregel

b) $\int_{-1}^{0} f(x)dx = [-8(x+3)\,e^{-0,5x}]_{-1}^{0} = -24 + 16e^{0,5}$

Exakter Inhalt dieser Fläche $A = -24 + 16e^{0,5}$

c) $\int_0^x f(t)dt = -8(x+3)e^{-0,5x} + 24$

Die Gleichung $-8(x+3)e^{-0,5x} + 24 = 30$ hat keine Lösung,

da $-8(x+3)e^{-0,5x} < 0$ für alle $x \geq 0$; $-8(x+3)e^{-0,5x} + 24 < 24$

Die Fläche zwischen K und der x-Achse strebt gegen den Inhalt A = 24.

10 $\int_0^1 f(x)\,dx = 1{,}27$; Abschätzung mit einem Dreieck mit A = 1

$\int_2^1 f(x)\,dx = -\int_1^2 f(x)\,dx = 0{,}73$; $A < 1$

$\int_2^{-2} f(x)\,dx = -1{,}067$;

Fläche: $1{,}067 \approx 2 \cdot 1{,}27 - 2 \cdot 0{,}73$, aber von 2 bis - 2 integriert

11 $f(x) = 0{,}5xe^{-0,25x}$; Nullstelle x = 0 mit VZW

$\int_{-2}^{4} f(x)\,dx = 0{,}7088$ Die Fläche zwischen Kurve und x-Achse über [0; 4] ist um 0,7088 größer als die Fläche zwischen Kurve und x-Achse über [−2; 0].

12 Die Flächen zwischen dem Graph von f und der x-Achse oberhalb und unterhalb der x-Achse haben den gleichen Flächeninhalt.

z. B.: Der Graph von f ist punktsymmetrisch zu $O(0 \mid 0)$.

Lehrbuch Seite 132

13 a) $\int_0^4 f(x)dx = -A$ b) $\int_0^{-4} f(x)dx = -A$

c) $\int_4^{-4} f(x)dx = 0$ d) $\int_4^{-4} |f(x)|dx = -2A$

Lehrbuch Seite 132

14 $f(x) = a\sin(x-1) = 0 \Leftrightarrow x - 1 = 0; \pi; \ldots \Leftrightarrow x = 1; \pi + 1 > 4;$

Für $a > 0$:

$\int_0^1 a \cdot \sin(x-1)\,dx = -0{,}46a$; $\int_1^4 a \cdot \sin(x-1)\,dx = 1{,}99a$; $A = 2{,}45a$

Bedingung für a (Streckfaktor): $2{,}45a = 10 \Rightarrow a = 4{,}08$

Für $a < 0$: $a = -4{,}08$

15 K: $f(x) = 3\cos(\frac{2}{3}x)$

a) Periode $p = 3\pi$; Nullstellen von f: $\pm\frac{3}{4}\pi; \pm\frac{9}{4}\pi; \ldots$ $\int_0^{\frac{3\pi}{4}} f(x)dx = 4{,}5$

Inhalt der Gesamtfläche $A = 4{,}5 + 9 + 4{,}5 = 18$

b) Fläche zwischen K und der x-Achse auf $[\frac{3}{4}\pi; 4]$

$\int_{\frac{3\pi}{4}}^4 f(x)dx = -2{,}44$ $A = 2{,}44$

c) eine Periode von $-\pi$ bis 2π; keine Verschiebung in y-Richtung; $\int_{-\pi}^{2\pi} f(x)dx = 0$

16 $f(x) = 2\sin(\frac{\pi}{4}x) + 3$; Stammfunktion: $F(x) = 3x - \frac{8}{\pi}\cos(\frac{\pi}{4}x)$;

$F(6) - F(0) = 18 + \frac{8}{\pi}$

$\int_0^6 f(x)\,dx = F(6) - F(0)$; f hat keine Nullstelle auf [0; 6].

$F(6) - F(0)$ ist der Inhalt der Fläche zwischen dem Schaubild von f und der x-Achse auf [0; 6].

17 G: $f(x) = \frac{1}{6}x^4 - \frac{3}{2}x^2 + 3$

Nullstellen von f: $f(x) = 0$ für $x = \pm\sqrt{3}; \pm\sqrt{6}$

Querschnittsfläche: $2\int_0^{\sqrt{3}} f(x)dx = 2\left[\frac{1}{30}x^5 - \frac{1}{2}x^3 + 3x\right]_0^{\sqrt{3}} = 6{,}24$

Volumen $V = 6{,}24 \cdot l = 1870 \Leftrightarrow l = 299{,}68$

Es können damit etwa 300 Meter des Walls aufgeschüttet werden.

18 Giebelrand: $f(x) = \frac{1}{64}x^4 - \frac{1}{2}x^2 + 4$

$2\int_0^4 f(x)dx = 2\left[\frac{1}{320}x^5 - \frac{1}{6}x^3 + 4x\right]_0^4 = 17{,}07$

Farbverbrauch: $350 \cdot 17{,}07 = 5974{,}5$;

$2 \cdot 5974{,}5\ cm^3 = 11{,}949$ Liter

Es müssen mindestens 3 Dosen Farbe geliefert werden.

Lehrbuch Seite 136

1 a) $f(x) = 2x - x^2$; $g(x) = x - 2$; Schnittstellen: $x_1 = -1$; $x_2 = 2$

$\int_{-1}^{2} (f(x) - g(x))\,dx = 4{,}5$; $A = 4{,}5$

b) $f(x) = e^{-x}$; $g(x) = e^{-x} + x^2 - 1$; Schnittstellen: $x_1 = -1$; $x_2 = 1$

$\int_{-1}^{1} (f(x) - g(x))\,dx = 1{,}33$; $A = 1{,}33$

2 Tangente in $x = -\frac{3}{2}$: $y = \frac{3}{4}x - \frac{9}{4}$; Schnittstellen: $x_{1|2} = -\frac{3}{2}$; $x_3 = 3$

$\int_{-\frac{3}{2}}^{3} (f(x) - y)\,dx = 11{,}39$; $A = 11{,}39$

3 a) Fläche zwischen der Tangente im Hochpunkt $H(-1 \mid 4)$ und der Kurve K.

Fläche zwischen zwei Kurven oder

Rechtecksfläche minus Fläche unter K über -1 bis 5

g: $y = 4$; Schnittstellen von g und K: $x_{1|2} = -1$; $x_3 = 5$

$\int_{-1}^{5} (4 - f(x))\,dx = 13{,}5$; $A_1 = 13{,}5$

b) $\int_{-3}^{3} f(x)\,dx = 13{,}5$, also $A_1 = A_2$

Die Fläche A_1 wird am Wendepunkt $W(1 \mid 2)$ gespiegelt und man erhält A_2.

4 a) $f(x) = 0{,}5(x^2 - 1)$; $g(x) = -0{,}5x - 1$ kein Schnittpunkt

$\int_{-2}^{2} (f(x) - g(x))\,dx = 4{,}67$; $A = 4{,}67$

b) $f(x) = -\frac{1}{8}(x - 3)^2(x + 2)$; $g(x) = -\frac{1}{8}(x - 3)^2$

Schnittstellen: $x = -1$ und $x = 3$

$\int_{-1}^{3} (f(x) - g(x))\,dx = -2{,}67$; $A = 2{,}67$

5 $A_1 = A - A_{\Delta} = \frac{16}{3} - 4 = \frac{4}{3}$; $A_2 = 2 \cdot 1 = 2$; $A_3 = A = \frac{16}{3}$

Lehrbuch Seite 140

1 $f(x) = 2(x^3 - 4x^2 + 4x)$; $g(x) = \frac{2}{3}x^2$

Schnittstellen von f und g:

$x_1 = 0$; $x_2 = \frac{4}{3}$; $x_3 = 3$

$\int_{0}^{1,33} (f(x) - g(x))\,dx = 1{,}84$

$\int_{1,33}^{3} (f(x) - g(x))\,dx = -3{,}34$

$A = 1{,}84 + 3{,}34 = 5{,}18$

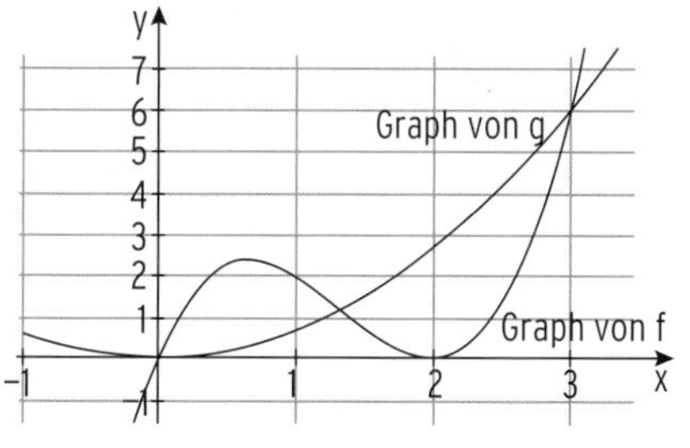

Lehrbuch Seite 140

2 K: $f(x) = \frac{1}{2}x^3 - 3x^2 + 4x$

a) Stammfunktion von f : $F(x) = \frac{1}{8}x^4 - x^3 + 2x^2$
Nullstellen von f: 0; 2; 4
Inhalt der Fläche im 1. Feld: $\int_0^2 f(x)dx = 2$

b) P : $g(x) = \frac{1}{4}x^2 - \frac{1}{2}x$
Schnittstellen von f und g: 0; 2; 4,5
Fläche, die den Punkt D(1 | 0) enthält: $\int_0^2 g(x)dx = -\frac{1}{3}$
Gesamtinhalt $A = 2 + \frac{1}{3} = \frac{7}{3}$

3 Schnittstellen: sin(x) = cos(x) für $x = \frac{\pi}{4}$
$\int_0^{\frac{\pi}{4}} (\sin(x) - \cos(x))dx = -0{,}41$; $\int_{\frac{\pi}{4}}^{\pi} (\sin(x) - \cos(x))dx = 2{,}41$
Markierte Fläche: A = 2,82

4 $\int_0^3 (f(x) - g(x))\,dx = 3{,}70$; A = 3,70

5 a) $g(x) = \frac{3}{5}x$

Schnittstellen von K_f und K_g: $x_1 = 0$; $x_2 = 0{,}76$; $x_3 = 2{,}24$
$\int_0^{0,76} (f(x) - g(x))\,dx = 0{,}27$; $\int_{0,76}^{2,24} (f(x) - g(x))\,dx = -1{,}63$; A = 1,9

b) $f(x) = 2x^3 - 6x^2 + 4x$ Tangente in O: y = 4x

Schnittstellen: 0; 3 $\int_0^3 (-2x^3 + 6x^2)\,dx = 13{,}5$

6 $f(x) = \frac{1}{3}x^3 - 2x^2 + 3x + \frac{2}{3}$; $f'(x) = x^2 - 4x + 3$; $g(x) = 2$; $g'(x) = 0$

G berührt K in x = 1:
$f(1) = g(1) = 2$; $f'(1) = g'(1) = 0$
(Berührstelle)
G schneidet K in x = 4:
$f(1) = g(4) = 2$; $f'(4) = 3 \neq 0$
Inhalt der Fläche: $\int_0^4 (2 - f(x))dx = \frac{8}{3}$

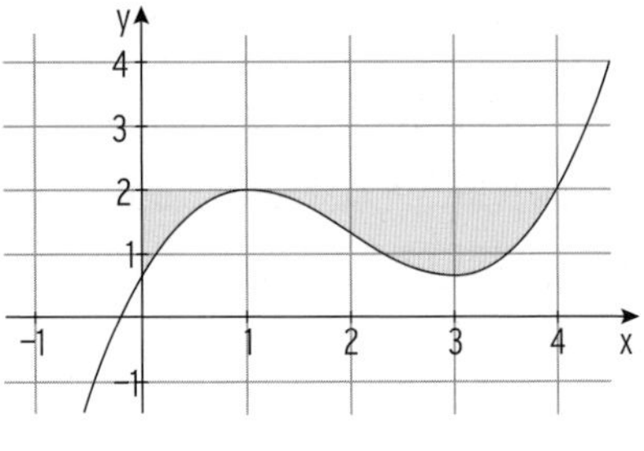

Lehrbuch Seite 141

7 $\int_0^1 f(x)\,dx = -\frac{3}{4}$; $g(x) = x - 3$

$A_D = 2$
A = 2,75

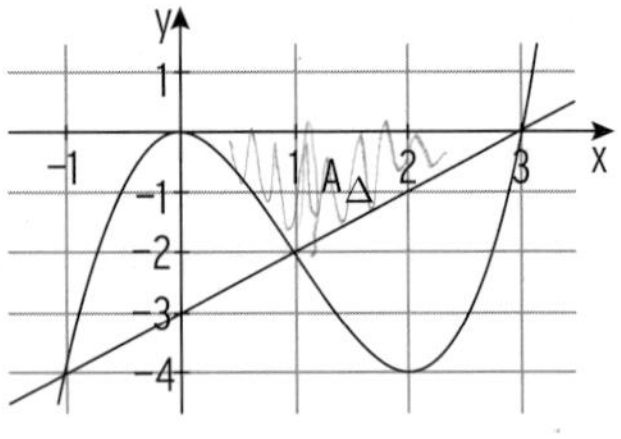

Lehrbuch Seite 141

8 $f(x) = e^{2-x} + 0{,}5x + 1$

Fläche zwischen K und der Geraden g mit $g(x) = 0{,}5x + 1$ (Asymptote) von 0 bis 2: $\int_0^2 e^{2-x}\,dx = 6{,}389$; $A = 6{,}389$

g ist die schiefe Asymptote von K.

$\int_0^a e^{2-x}\,dx = -e^{2-a} + e^2$

Für die rechte Grenze $a \to \infty$ strebt $A(a) \to e^2$.

9 $f(x) = \sin(2x)$;

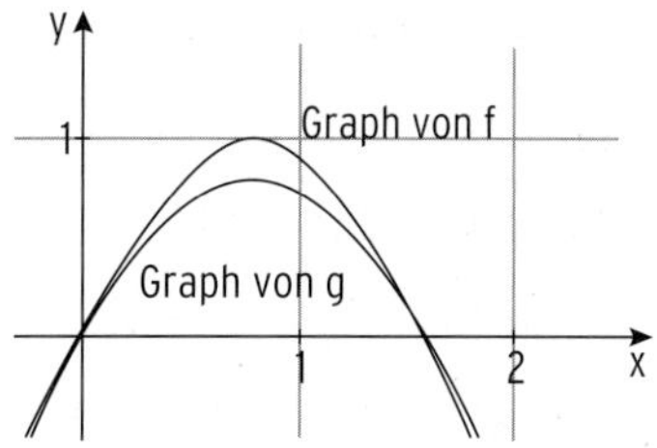

$\int_0^{0{,}5\pi} \sin(2x)dx = 1$

$g(x) = ax^2 + bx + c$

Bedingungen: $g(0) = 0$; $g(\frac{\pi}{2}) = 0$

$g'(0) = 2 \Rightarrow g(x) = -\frac{4}{\pi}x^2 + 2x$

Eingeschlossene Fläche:

$\int_0^{0{,}5\pi} (f(x) - g(x))\,dx = 0{,}1775$

Abweichung: $\frac{0{,}178}{1} = 17{,}8\ \%$

10 Das Quadrat hat den Flächeninhalt 9.

$\int_0^3 bx^2\,dx = 3$ führt auf $b = \frac{1}{3}$ und damit $g(x) = \frac{1}{3}x^2$

Schnittstelle von Parabel mit $y = ax^2$ und Parallele mit $y = 3$: $x_{1|2} = \pm\sqrt{\frac{3}{a}}$

$\int_0^{x_1} (3 - ax^2)\,dx = 3$ führt auf $a = \frac{4}{3}$ und damit $f(x) = \frac{4}{3}x^2$

11 $f(x) = -x^3 + 4x^2 - 3x$; $g(x) = 0{,}5(x-1)(x-3) = 0{,}5x^2 - 2x + \frac{3}{2}$

Schnittstellen auf $1 \le x \le 3$: $x = 1$; $x = 3$

Größe der Seefläche: $\int_1^3 (f(x) - g(x))dx = \int_1^3 (-x^3 + 3{,}5x^2 - x - 1{,}5)dx = \frac{10}{3}$

Die Seefläche beträgt 3,3 km².

12 K: $f(x) = 2tx^2$

Schnittstellen: $2tx^2 = -\frac{t}{2}x$ für $x = 0$ oder $x = -0{,}25$

Fläche in Abhängigkeit von t:

$\int_{-0{,}25}^{0} (-2tx^2 - \frac{t}{2}x)dx = t\int_{-0{,}25}^{0} (-2x^2 - \frac{1}{2}x)dx = \frac{t}{192}$

$1 = \frac{t}{192} \Leftrightarrow t = 192$

Für $t = 192$ hat diese Fläche den Inhalt 1.

Lehrbuch Seite 146

1 $f(x) = \frac{1}{8}x^3 - \frac{3}{4}x^2 + 4$

a) $W(2 \mid 2)$; Wendetangente mit $y = -\frac{3}{2}x + 5$

$\int_0^2 (-\frac{3}{2}x + 5 - f(x))\,dx = \frac{1}{2}$; $A = \frac{1}{2}$

b) Gerade g mit $g(x) = 0{,}5x + 1$

Schnittstellen: $x_1 = -2$; $x_2 = 2$; $x_3 = 6$

$\int_{-2}^2 (f(x) - (\frac{1}{2}x + 1))\,dx = 8$; $A = 8$

c) Dreiecksfläche: $A_\Delta = \frac{1}{2} \cdot 4 \cdot 2 = 4$

$\int_2^4 f(x)dx = 1{,}5$; $A = 4 + 1{,}5 = 5{,}5$

2 $f(x) = 3\sin(\frac{\pi}{3}x)$; $f'(x) = \pi\cos(\frac{\pi}{3}x)$

a) Fläche zwischen Kurve, x-Achse und der Ursprungsgeraden durch den Hochpunkt.

Hochpunkt $H(\frac{3}{2} \mid 3)$; $A_\Delta = \frac{9}{4}$; $\int_{1,5}^3 f(x)dx = 2{,}86$; $A = 2{,}25 + 2{,}86 = 5{,}11$

b) $\int_0^{1,5} (3 - f(x))\,dx = 1{,}635$; $A = 1{,}635$

3 K: $f(x) = \frac{1}{3}x + 2$ Fläche mit den Koordinatenachsen: $A_\Delta = 6 = A_1$.

Flächenstück mit Inhalt A_2: $\int_0^u (\frac{1}{3}x + 2)dx = \left[\frac{1}{6}x^2 + 2x\right]_0^u = \frac{1}{6}u^2 + 2u$

Bedingung für u so, dass $\frac{A_1}{A_2} = \frac{1}{3}$: $\frac{1}{6}u^2 + 2u = 18$ für $u = 6$ $(u = -18 < 0)$

4 $f(x) = \frac{3}{2} - \frac{3}{4}e^{2-x}$; $g(x) = -\frac{5}{4}x^2 + \frac{23}{8}x$

$\int_0^2 g(x)dx = 2{,}42$; $\int_{1,31}^2 f(x)\,dx = 0{,}29$; $B(0{,}3 \mid 0{,}75)$

$A_\Delta = \frac{1}{2} \cdot 1{,}7 \cdot (\frac{13}{8} - \frac{3}{4}) = \frac{119}{160} = 0{,}74$

Restfläche $A = 2{,}42 - 0{,}29 - 0{,}74 = 1{,}39$

5 Ansatz wegen Symmetrie zu $W(2 \mid 0)$:

$g(x) = ax(x-2)(x-4)$; $a > 0$; $\int_0^2 g(x)\,dx = 4 \Rightarrow a = 1$

Funktionsterm: $g(x) = x^3 - 6x^2 + 8x$

Lehrbuch Seite 147

6 $f(x) = x(x-3)^2$

Rechtecksinhalt $A_R = 4$; $\int_0^1 f(x)dx = \frac{11}{4}$; $A_1 = \frac{11}{4}$; $A_2 = A_R - A_1 = \frac{5}{4}$

Verhältnis: $\frac{5}{11}$

Lehrbuch Seite 147

7 a) $S(a \mid 2\sin(a))$, $A_{\Delta} = \pi \sin(a)$; $A_{ges} = \int_0^{\pi} f(x)\,dx = 4$

Bedingung für a: $\pi \sin a = 2$

$a = 0{,}69$ oder $a = \pi - 0{,}69 = 2{,}45$

b) Bedingung für m: $\int_0^{\pi} (f(x) - mx)\,dx = 0$ $\quad 4 - 0{,}5\pi^2 m = 0$

Gesuchter m-Wert: $m = \frac{8}{\pi^2} = 0{,}81$

8 K: $f(x) = 4xe^{-0{,}2x}$; $x \in [5; 30]$

G: $g(x) = 20e^{-0{,}2x}$; $x \in [5; 30]$

F mit $F(x) = (-20x - 100)e^{-0{,}2x}$ ist eine Stammfunktion von f, da $F'(x) = f(x)$

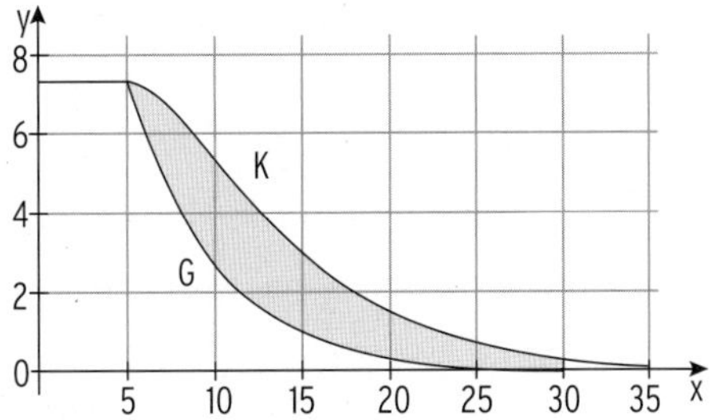

Inhalt dieser Fläche:

$\int_5^{30} 4xe^{-0{,}2x}dx = 71{,}84$

(Stammfunktion F ist bekannt)

$\int_5^{30} 20e^{-0{,}2x}dx = 36{,}54$

Gesamtfläche: $35{,}3\ m^2$

Aufschüttungsvolumen: $V = 35{,}3\ m^2 \cdot 12\ m = 423{,}6\ m^3$

Lehrbuch Seite 151

1 a) $\int_{-4}^{4} (8 - f(x))dx = 34{,}13$; $A = 34{,}13$

Der Wasserquerschnitt ist etwa 34 dm^2 groß.

b) Höhe 3,5: Bedingung: $f(x) = 3{,}5$ $\quad -\frac{1}{32}x^4 + x^2 = 3{,}5$

Durch Substitution erhält man: $x_{1|2} = \pm 2$ $(x_{3|4} = \pm 5{,}29)$

$\int_{-2}^{2} (3{,}5 - f(x))dx = 9{,}07$

Es fließen $\frac{9{,}07}{34{,}13} = 26{,}6\ \%$ der maximalen Wassermenge.

2 a) $a = -\frac{13}{72} = -0{,}1806$ wegen $f(6) = 0$;

$g(0) = 10$ ergibt $b + c = 10$

$g(10) = 0$ ergibt $-b + c = 0$ $\quad$ Lösung: $b = c = 5$

$k = 10$ wegen Periode 20

b) Querschnittsfläche:

$\int_0^{10} g(x)\,dx = 50$; $\int_0^{6} f(x)\,dx = 26 \Rightarrow A = 48\ m^2$ (Symmetrie)

Betonvolumen in m^3: $V = 48 \cdot 80 = 3840$

 ISBN 978-3-8120-3338-1

Lehrbuch Seite 151

3 a) Geraden: $y = x$; $y = -x$

$f'(2) = 1$; $f(2) = 2$; symmetrisch zur y-Achse:

Funktionsterm: $f(x) = -\frac{1}{64}x^4 + \frac{3}{8}x^2 + \frac{3}{4}$

b) $\int_0^2 (f(x) - x)\,dx = \frac{2}{5}$; $A = \frac{4}{5}$

4 $f(x) = -0{,}000075(\frac{1}{3}x^3 - 100x^2)$ beschreibt den Verlauf des Flusses;

Der Ursprung O liegt bei a.

Fläche der Wiese : $\int_0^{250} f(x)\,dx = 14648{,}4$

Die Wasserfläche entspricht der Fläche eines Rechtecks mit 250 m Länge und 25 m Breite, also $A = 6250\ m^2$.

Pachtzins: 6250 €

Lehrbuch Seite 154

1 a) $\frac{1}{7}\int_{-3}^{4} f(x)\,dx = \frac{5}{4}$

Mittlerer Funktionswert $\overline{m} = \frac{5}{4}$

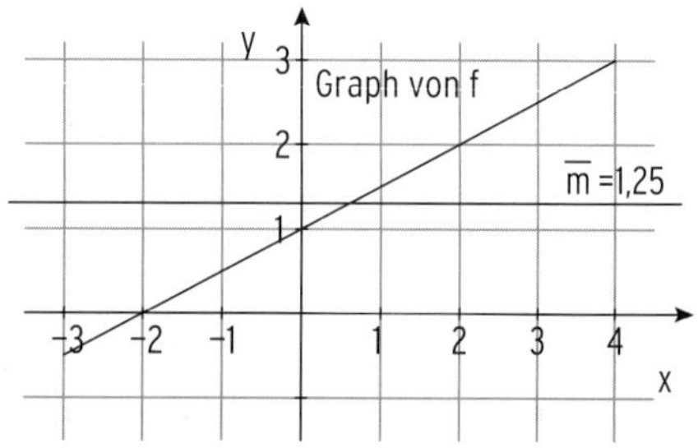

b) $\frac{1}{5}\int_{-5}^{0} f(x)\,dx = \frac{25}{6}$

Mittlerer Funktionswert auf [- 5; 0]:

$\overline{m} = \frac{25}{6}$

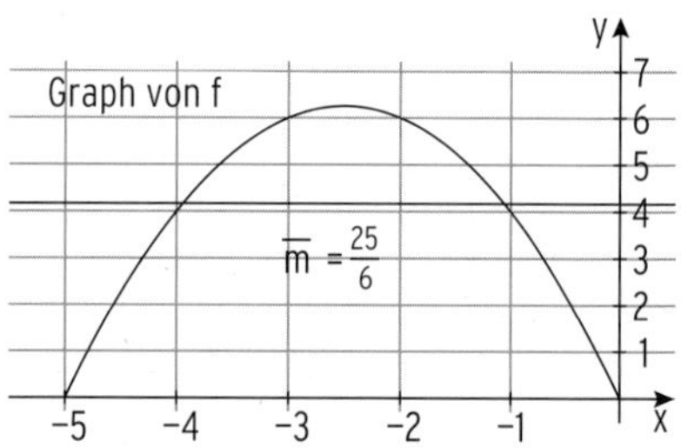

c) $\overline{m} = \frac{1}{4}\cdot\int_0^4 f(x)\,dx = 1{,}25$

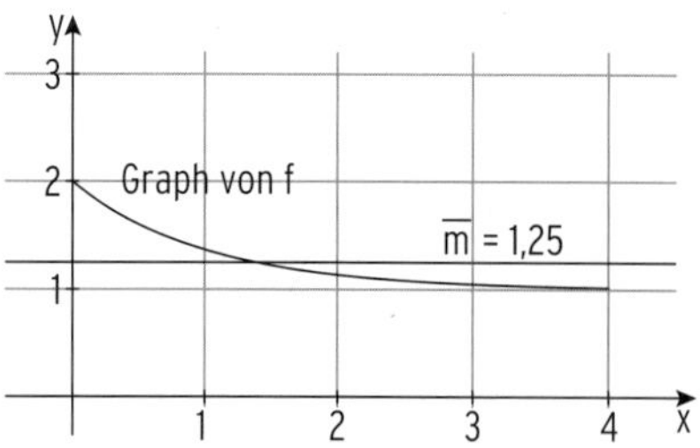

d) $\overline{m} = \frac{2}{5}\cdot\int_{0,5}^{3} f(x)\,dx = -0{,}252$

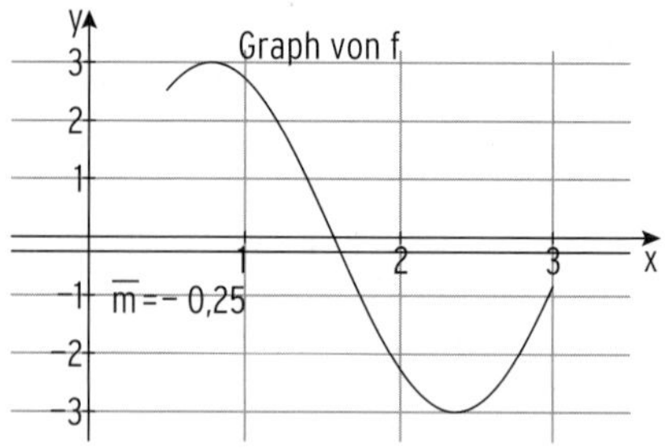

Lehrbuch Seite 154

2 $V(t) = -0{,}02t^3 + 0{,}06t^2 + 0{,}264t + 0{,}5$

$\int_0^{5,5} V(t)\,dt = 5{,}49$ Mittleres Lungenvolumen: $\overline{m} = \frac{1}{5{,}5} \cdot 5{,}49 = 0{,}998$

Das mittlere Lungenvolumen beträgt etwa 1 Liter.

3 a) $f(0) = a + b = 47$; $f(7) = a + be^{-7k} = 26$; $f(14) = a + be^{-14k} = 16$

Mit $e^{-14k} = (e^{-7k})^2$ folgt $a = 6{,}909...$; $b = 40{,}09...$; $k = 0{,}1060$

Geplante Jahresförderung: 6,91 Mio t

b) Gesamtförderung: $\int_0^{32} f(t)dt = \left[6{,}91t - \frac{40{,}09}{0{,}106}e^{-0{,}106t}\right]_0^{32} = 586{,}60$

Förderung in Mio t im Jahre 2030 (t = 32): $f(32) = 8{,}26$

Durchschnittliche Jahresförderung: $\frac{586{,}60}{32} = 18{,}33$ Mio t

4 a) Asymptote $y = 20$

Das Gefriergut erwärmt sich bis auf 20 Grad (Umgebungstemperatur).

b) Erwärmungsgeschwindigkeit entspricht der Steigung des Graphen.

Sie ist am größten in t = 0: $f'(0) = 35 \cdot 0{,}025 = 0{,}875$ in °C/Min

$f'(t) = 0{,}875e^{-0{,}025t} \rightarrow 0$ für $t \rightarrow \infty$

c) durchschnittliche Temperatur in °C für die Zeit von der 30. bis zur 90. Minute: $\frac{1}{60} \int_{30}^{90} f(t)dt = 11{,}44$

5 t = 0: 1. Januar $f(t) = -0{,}03t^3 + 0{,}49t^2 - 1{,}76t + 54{,}5$

Durchschnittspreis in € pro 100 l: $p = \frac{1}{12} \int_0^{12} f(t)\,dt = 54{,}75$

Lehrbuch Seite 157

1 a) Salatschüssel mit Boden;

$\pi \int_0^1 (2 - x^2)^2 dx = \pi \left[4x - \frac{4}{3}x^3 + \frac{1}{5}x^5\right]_0^1 = 9{,}0$; $V = 9{,}0$

b) Lanzenspitze oder Spitzhut; $\pi \int_0^4 y^2\,dx = 25{,}74$

$V = 25{,}74$

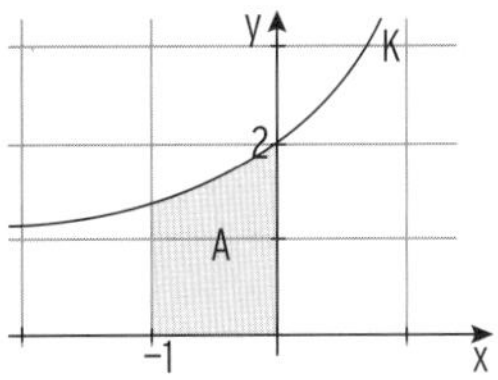

2 Die Fläche A rotiert um die x-Achse.

$\pi \int_{-1}^{0} (f(x))^2 dx = 8{,}47$ $V = 8{,}47$

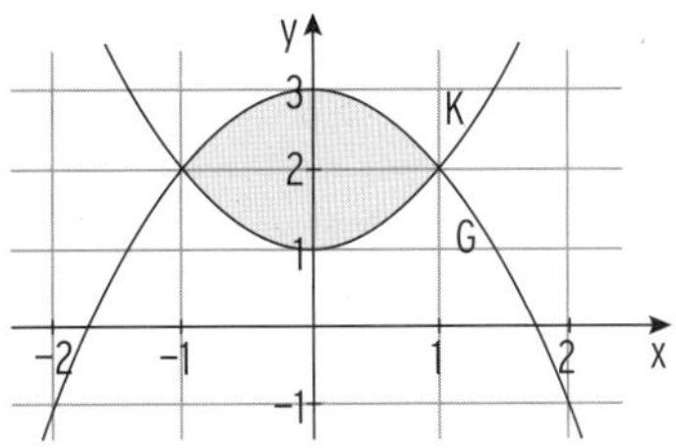

3 Schnittstellen von f und g: ± 1

$\pi \int_{-1}^{1} (f(x))^2 dx = 11{,}73$

$\pi \int_{-1}^{1} (g(x))^2 dx = 45{,}24$

$V = 45{,}24 - 11{,}73 = 33{,}51$

Lehrbuch Seite 157

4 $\pi\int_0^2 (0{,}5x^2 - 2)^2 dx = 13{,}40$

$13{,}40 - 3\pi = 3{,}98$

$3{,}98 \mathrel{\hat{=}} 42{,}2\,\%$ von $V = 3\pi$

5 K: $g(x) = 3e^{-x}$; $x \in \mathbb{R}$

a) exakter Inhalt: $\int_0^{2,5} 3e^{-x}\, dx = [-3e^{-x}]_0^{2,5} = 3e^{-2,5} + 3$

b) Bohrung hat den Durchmesser 1:

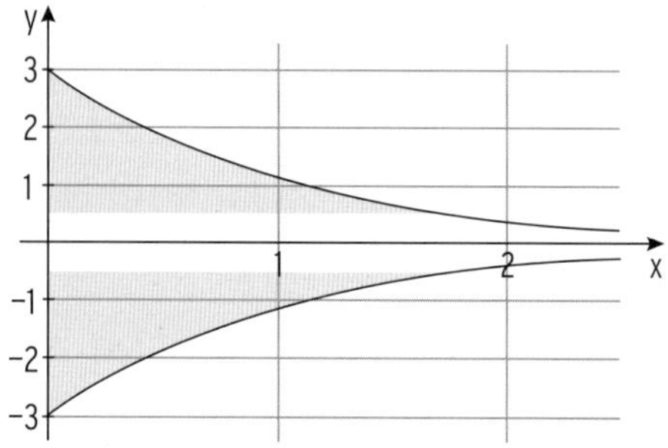

$f(x) = 0{,}5$ für $x = 1{,}79$

Zylindervolumen:

$V_Z = \pi\, r^2 \cdot h = \pi\ 0{,}5^2 \cdot 1{,}79 = 1{,}41$

Volumen Restkörper:

$V = \pi \int_0^{1,79} 9e^{-2x}\, dx - 1{,}41 = 12{,}33$

Lehrbuch Seite 158

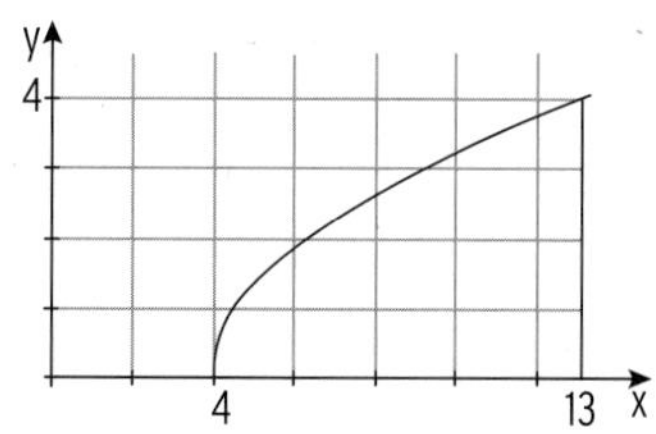

6 a) $f(13) = 4 \Rightarrow a = \frac{4}{3}$

Randfunktion f mit $f(x) = \frac{4}{3}\sqrt{x - 4}$

Gesamthöhe des Weinglases: 13 cm.

$(f(x))^2 = \frac{16}{9}(x - 4)$;

$\pi \int_4^{13} (f(x))^2 dx = 72\,\pi = 226{,}2$

Das Volumen des Weinglases beträgt 226,2 cm³.

b) $\pi \int_4^{u} (f(x))^2 dx = \frac{8}{9}\pi(u - 4)^2$

Bedingung für u: $\frac{8}{9}\pi(u - 4)^2 = 36\pi$ für $u = 10{,}36$

Höhe: $h_1 = 10{,}36 - 4 = 6{,}36$

Der Wein steht 6,36 cm hoch im Glas.

$\pi \int_4^{u} (f(x))^2 dx = \frac{8}{9}\pi(u - 4)^2 = 200$ für $u = 12{,}46$ $(u > 0)$

$h_2 = 12{,}48 - 4 = 8{,}46$

Der Eichstrich muss in einer Höhe von 8,46 cm angebracht werden.

Lehrbuch Seite 158

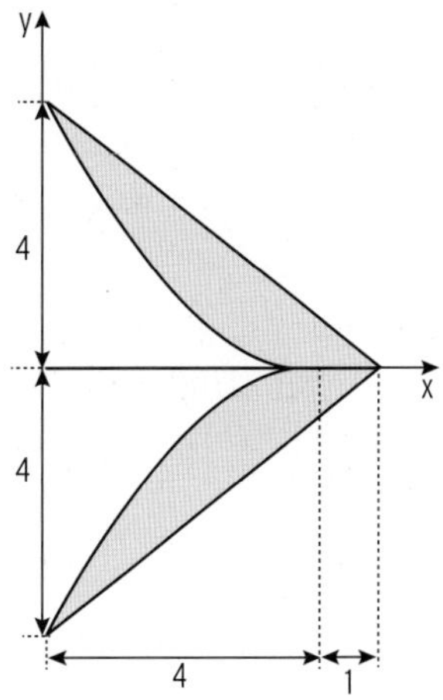

7 Koordinatensystem wählen

Parabel durch (4 | 0) und (0 | − 4):

$f(x) = -\frac{1}{4}(x-4)^2$

Gerade durch (5 | 0) und (0 | − 4):

$g(x) = \frac{4}{5}x - 4$

Gesamtvolumen (Kegel):

$V = \frac{1}{3}Gh = = \frac{1}{3}\pi\, 4^2 \cdot 5 = 83{,}78$

Rotationsvolumen der Parabel:

$\pi \int_0^4 \left(-\frac{1}{4}(x-4)^2\right)^2 dx =$

$\pi \int_0^4 \frac{1}{16}(x-4)^4 dx = \pi \left[\frac{1}{80}(x-4)^5\right]_0^4 = 40{,}21$

Volumen- und Gewichtsersparnis: 83,78 − 40,21 = 42,57

42,57 ≙ 50,8% von 83,78

Lehrbuch Seite 165

1 a) Schaubild einer Stammfunktion F von v mit F(0) = 0,5

b) $\int_0^1 v(t)\,dt$ Höhenzuwachs im 1. Jahr

$\int_1^4 v(t)\,dt$ Höhenzuwachs vom 1. bis zum 4. Jahr

$0{,}5 + \int_0^4 v(t)\,dt$: Höhe nach 4 Jahren

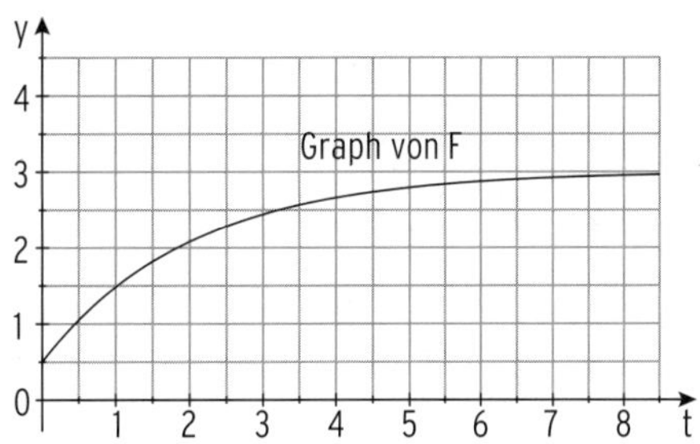

2 $K'(x) = 3x^2 - 14x + 135$, $K(x) = x^3 - 7x^2 + 135x + K_{fix}$

a) $\int_0^5 K'(x)\,dx = K(5) - K(0) = 625$ variable Stückkosten für 5 ME

b) $\int_5^{10} K'(x)\,dx = K(10) - K(5) = 1025$

Zunahme der Kosten bei einer Produktionssteigerung von 5 auf 10 ME

c) $20 + \int_0^{10} K'(x)\,dx = 20 + K(10) - K(0) = 1670$ Gesamtkosten für 10 ME

Dabei wird unterstellt, das $K_{fix} = 20$ ist.

Lehrbuch Seite 165

3 Durchflussmenge in $\frac{m^3}{h}$: $f(t) = 1{,}8t^2 + 24t + 150;\ t \geq 0$

a) $\int_0^5 f(t)\,dt = 1125$

Gesamte durchgeflossene Wassermenge in den ersten 5 Stunden

b) $\int_1^6 f(t)\,dt = 1299$

Gesamte durchgeflossene Wassermenge von Stunde 1 bis Stunde 6

c) $10 + \int_0^8 f(t)\,dt = 2285{,}2$

Inhalt des Bewässerungsreservoirs nach 8 Stunden, wenn es zu Beginn $10\ m^3$ enthielt.

4 $\int_0^{60} v(t)\,dt = 2936{,}34$ Die Strecke ist ca. 2936 m lang.

5 $\int_0^x f(t)\,dt = 184x + 1362{,}96e^{-0{,}135x} - 1362{,}96$

$\int_0^{15} f(t)\,dt = 1576{,}94$ Es sind mehr als 1500 Tuben verkauft.

6 $s = \int_0^4 v(t)dt = 256$

Die zurückgelegte Strecke ist 256 km lang.

Lehrbuch Seite 166

7 Entnahmegeschwindigkeit in m^3 pro Stunde: $f(x) = 24x - x^2;\ 0 \leq x \leq 24$

a) $\int_2^3 f(x)dx = 53{,}67$

Zwischen 2 Uhr und 3 Uhr werden dem Speicher $53{,}67\ m^3$ Wasser entnommen.

b) $800 - \int_0^5 f(x)dx = 541{,}67$

Im Wasserspeicher sind nach 5 Stunden noch $541{,}67\ m^3$ Wasser.

8 $v(t) = 35(1 - e^{-0{,}02t})$; t in s, v in $\frac{m}{s}$

a) $v(60) = 24{,}46\ \frac{m}{s} = 88\ \frac{km}{h}$; $v(120) = 31{,}8\ \frac{m}{s} = 114{,}5\ \frac{km}{h}$

b) $120\ \frac{km}{h} = 33{,}33\ \frac{m}{s}$

Bedingung für t: $33{,}33 = 35(1 - e^{-0{,}02t})$ für $t = 152{,}1$

Der Fahrer hat 152,1 s beschleunigt.

c) Höchstgeschwindigkeit = Grenzwert für $t \to \infty$: $35\ \frac{m}{s} = 126\ \frac{km}{h}$

d) $\int_0^{120} v(t)\,dt = 2608{,}76$

Der Trabant legt eine Strecke von 2,6 km zurück.

Lehrbuch Seite 166

9 a) Die Stromstärke steigt bis $t = \ln(2)$, dann fällt sie monoton auf 0 ab.

b) $I_{max} = 3$;
Bedingung für t: $I(t) = 1{,}5$
für $t_1 = 1{,}92$; $t_2 = 0{,}158$

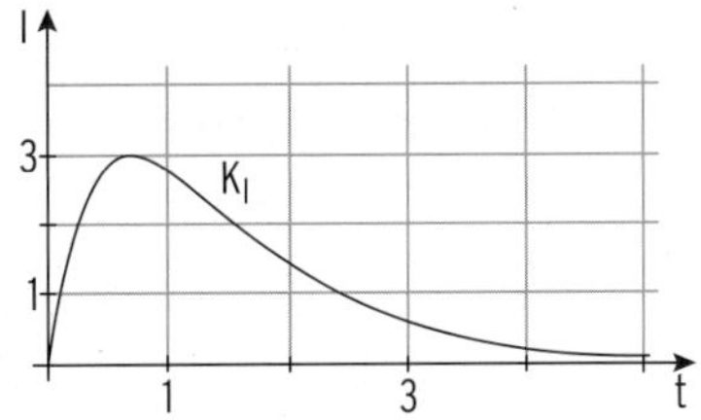

c) $\int_0^u I(t)dt = -12e^{-u} + 6e^{-2u} + 6$

$Q = \lim\limits_{u \to \infty} \int_0^u I(t)dt = 6$

Die aufgenommene Ladungsmenge beträgt 6 mAs.

10 a) $f(0) = 1000$; $f(10) = 422 \Rightarrow a = 1000$; $k = -0{,}0861$
$f(t) = 1000\, e^{-0{,}0861t}$
Halbwertszeit: $e^{-0{,}0861t} = 0{,}5 \Rightarrow t_H = 8{,}05$ (Tage)

b) $f(t) = 50$ für $t = 35$ (Tage)

c) F ist eine Stammfunktion von f mit $F(0) = 0$;

$F(t) = 11614\,(1 - e^{-0{,}0861t})$

F(t) gibt die Gesamtzahl der zerfallenen Radioiodkerne an.

d) $F(20) = 9538$ sind in den ersten zwanzig Tagen zerfallen.

Für $t \to \infty$: $F(t) \to 11614$ zerfallen in der ganzen Zeit.
Es müssen also bei Beobachtungsbeginn 11614 Kerne vorhanden gewesen sein.

Lehrbuch Seite 167

11 Das Schaubild geht durch den Ursprung, ist streng monoton wachsend bis $x = 2$, danach streng monoton fallend.

Die Dosierung nimmt bis zur 2. Stunde stark zu, danach nimmt sie langsam ab und strebt gegen Null.

$f(t) = te^{-0{,}5t}$; $f'(t) = e^{-0{,}5t}(-0{,}5t + 1)$

Die Bedingungen: $f'(2) = 0$ und $f(2) = \frac{2}{e}$ sind erfüllt.

F mit $F(t) = -2(t + 2)e^{-0{,}5t}$ ist eine Stammfunktion, da $F'(t) = f(t)$ ist.

$\int_0^8 f(t)\,dt = 3{,}63$

Die Menge des in 8 h eingenommenen Medikamentes beträgt etwa 3,6 mg.

Lehrbuch Seite 167

12 a) Ansatz mit ganzrationaler Funktion 3. Grades: $f(t) = at^3 + b\,t^2 + ct + d$
Bedingungen: Grenzertrag in $t = 0$: $f'(0) = 0$ $\qquad c = 0$
(vgl. Grenzkosten = Differentialkosten K′)

$f(0) = 4 \qquad d = 4$
$f(6) = 8 \qquad 216a + 36b + 6c + d = 9$
$f'(6) = 0 \qquad 108a + 12b + c = 0$

Gesuchter Funktionsterm: $f(t) = -\frac{1}{27}t^3 + \frac{1}{3}t^2 + 4$

b) Ertragszuwachs (Wachstumsgeschwindigkeit) entspricht der 1. Ableitung.
f' maximal für $f''(t) = 0 \qquad -\frac{2}{9}t + \frac{2}{3} = 0 \Leftrightarrow t = 3$
Wendepunkt W(3 | 6)

c) Gesamternte als Fläche unter der Kurve: $\int_0^{10} f(t)\,dt = 58{,}52$
Der Landwirt hat 58,52 Tonnen geerntet.

13 a) Der Radfahrer erhöht in den ersten 9 Minuten (Maximalstelle t = 0,15) seine Geschwindigkeit auf 20 $\frac{km}{h}$, anschließend wird er langsamer. Nach 24 Minuten fährt er wieder zurück. Er erreicht eine Höchstgeschwindigkeit von etwa 40 $\frac{km}{h}$ und beendet seine Tour nach einer Stunde.

b) Nullstellenansatz ergibt den Term für eine Polynomfunktion 3. Grades.
Funktionsterm: $f(t) = 625t(t - 0{,}4)(t - 1)$

c) Die gefahrene Strecke entspricht der Fläche unter der Kurve.
Hinweg: $\int_0^{0,4} f(t)\,dt = 5{,}33$
Rückweg: $\int_{0,4}^{1} f(t)\,dt = -15{,}75$
oder: $\int_0^1 f(x)\,dx = -10{,}417$
Die maximale Entfernung von A beträgt 10,42 km.
Bemerkung: Auf dem Rückweg fährt er über A hinaus in Richtung See.

Lehrbuch Seite 171

1 a) Das Experiment, Werfen eines Würfels, hat in diesem Fall zwei Ausgänge, Fünf oder nicht Fünf. Die Trefferwahrscheinlichkeit bleibt gleich.
Es handelt sich um ein Bernoulli-Experiment. $n = 4$; $p = \frac{1}{6}$

b) Das Experiment, Ziehen von zwei Kugeln ohne Zurücklegen, hat mehrere Ausgänge, z. B: rr; gr; sg; ss. Es handelt sich um kein Bernoulli-Experiment.

c) Das Experiment, Beobachten, ob das Auto fährt oder nicht, hat zwei Ausgänge. Die Trefferwahrscheinlichkeit bleibt unverändert.
Es handelt sich um ein Bernoulli-Experiment. $n = 7$; $p = 0{,}2$

d) Das Experiment, Drehen eines Glücksrades (Ziehen mit Zurücklegen), hat zwei
Ausgänge, rot oder nicht rot. Es handelt sich um ein Bernoulli-Experiment.
Die Wahrscheinlichkeit für ein rotes Feld bleibt gleich. $n = 6$; $p = \frac{1}{3}$

e) Das Experiment, Entnahme einer Schraube (Ziehen mit Zurücklegen), hat zwei Ausgänge, defekt oder nicht defekt. Es handelt sich um ein Bernoulli-Experiment.
Die Wahrscheinlichkeit für eine defekte Schraube bleibt gleich, da aus einer sehr großen Menge gezogen wird. $n = 25$; $p = 0{,}02$

2 X: Anzahl der roten Kugeln

Mit Zurücklegen: $P(X = 2) = \binom{3}{2} \cdot (\frac{3}{4})^2 \cdot (\frac{1}{4})^1 = 0{,}4219$ Bernoulli-Kette

Ohne Zurücklegen: $P(X = 2) = 3 \cdot \frac{6}{8} \cdot \frac{5}{7} \cdot \frac{2}{6} = 0{,}5357$ keine Bernoulli-Kette

Lehrbuch Seite 175

1 a) $P(X = 0) = \binom{4}{0} \cdot 0{,}5^0 \cdot 0{,}5^4 = 1 \cdot 0{,}5^4 = 0{,}0625$

$P(X = 1) = \binom{4}{1} \cdot 0{,}5^1 \cdot 0{,}5^3 = 4 \cdot 0{,}5^4 = 0{,}25$

b) $P(X = 0) = \binom{3}{0} \cdot 0{,}3^0 \cdot 0{,}7^3 = 1 \cdot 0{,}7^3 = 0{,}343$

$P(X = 1) = \binom{3}{1} \cdot 0{,}3^1 \cdot 0{,}7^2 = 3 \cdot 0{,}3 \cdot 0{,}7^2 = 0{,}441$

c) $P(X = 0) = \binom{4}{0} \cdot (\frac{1}{6})^0 \cdot (\frac{5}{6})^4 = 0{,}4823$

$P(X = 1) = \binom{4}{1} \cdot (\frac{1}{6})^1 \cdot (\frac{5}{6})^3 = 0{,}3858$

Lehrbuch Seite 175

2 a) $B_{8;\,0,5}(2) = 0{,}10938$

b) $B_{20;\,0,8}(5) = 1{,}7 \cdot 10^{-7} \approx 0$

c) $B_{50;\,0,1}(9) = 0{,}0333$

3 a) $n = 5;\ p = 0{,}4$

$P(X = 1) = 0{,}2592$

$P(X = 2) = 0{,}3456$

$P(X = 3) = 0{,}2304$

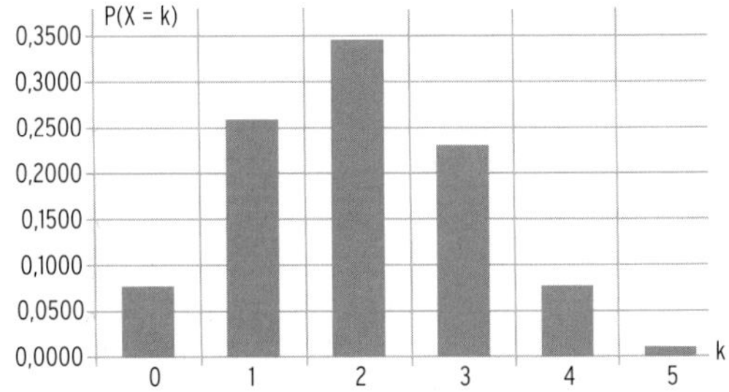

b) $n = 8;\ p = 0{,}7$

$P(X = 5) = 0{,}2541$

$P(X = 6) = 0{,}2965$

$P(X = 7) = 0{,}1977$

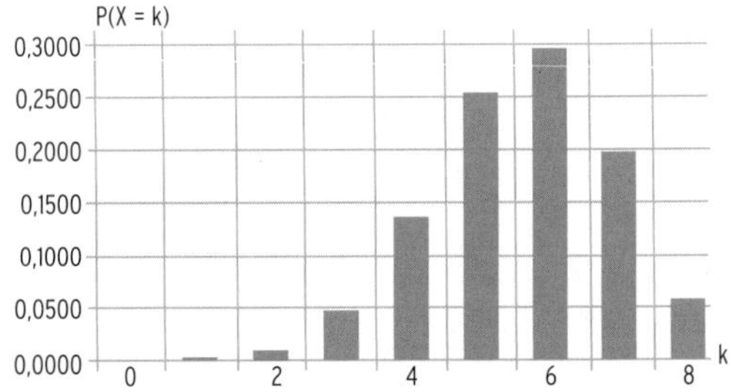

4 a) $P(X = 9) = B_{12,\,0,85}(9) = 0{,}1720$

b) $B_{25,\,0,15}(6) = P(X = 6) = 0{,}0920$

c) $P(X = 0) = B_{120,\,0,99}(0) = 0$

d) $B_{200,\,0,65}(130) = P(X = 130) = 0{,}0590$

5 a) $\binom{5}{4} \cdot 0{,}4^4 \cdot 0{,}6^1 = P(X = 4) = 0{,}0768$; X ist binomialverteilt mit $n = 5;\ p = 0{,}4$

b) $\binom{15}{4} \cdot 0{,}3^4 \cdot 0{,}7^{11} = P(X = 4) = 0{,}2186$; X ist binomialverteilt mit $n = 15;\ p = 0{,}3$

c) $\binom{50}{10} \cdot 0{,}1^{10} \cdot 0{,}9^{40} = P(X = 10) = 0{,}0152$;

X ist binomialverteilt mit $n = 50;\ p = 0{,}1$

d) $\binom{100}{44} \cdot 0{,}2^{44} \cdot 0{,}8^{56} = P(X = 44) = 3{,}25 \cdot 10^{-8} \approx 0$

X ist binomialverteilt mit $n = 100;\ p = 0{,}2$; X ist $B_{100;\,0,2}$-verteilt

Lehrbuch Seite 175

6 a) $\binom{50}{40} \cdot 0{,}7^{40} \cdot 0{,}3^{10} = 0{,}0386$; n = 50; p= 0,7; k = 40

b) $\binom{60}{8} \cdot 0{,}3^{8} \cdot 0{,}7^{52} = 0{,}00148$; n = 60; p= 0,3; k = 8

7 P(X = 3) = 0,12 P(X = 5) = 0,24 P(X = 8) = 0,045

Der Graph dieser Binomialverteilung ist symmetrisch zu x = 5,
P(X = 5) ist der größte Wert.

8

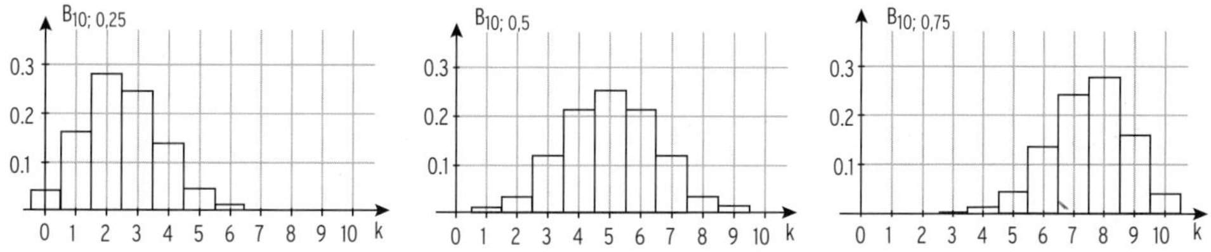

Das Maximum der Verteilung wandert immer weiter nach rechts mit wachsender Wahrscheinlichkeit p. Für p = 0,5 ist das Schaubild symmetrisch.

Lehrbuch Seite 176

9 P(X = 8) = 0,23 P(X = 9) = 0,24 P(X = 10) = 0,17

Der Graph dieser Binomialverteilung hat ein Maximum für x = 9.

10 Die Verteilung in Abb. 2 gehört zu einer Binomialverteilung, da sie genau ein absolutes Maximum (kein Randmaximum) hat.

11 n = 10; k = 3; p = $\frac{2}{5}$; P(X = 3) = 0,2150

12 a) n = 50; p = $\frac{1}{3}$; k = 16 ; P(X = 16) = $B_{50;\,\frac{1}{3}}(16) = 0{,}1178$

b) n = 50; p = $\frac{2}{3}$; k = 25 ; P(X = 25) = $B_{50;\,\frac{2}{3}}(25) = 0{,}0059$

Lehrbuch Seite 182

1 a) P(X = 3) = $B_{5;\,0,5}(3) = 0{,}3125$

$P(X \leq 1) = P(X = 0) + P(X = 1) = 0{,}0313 + 0{,}1563 = 0{,}1876$

$P(X \geq 1) = 1 - P(X = 0) = 1 - B_{5;\,0,5}(0) = 1 - 0{,}0313 = 0{,}9687$

Lehrbuch Seite 182

1 b) $P(X = 4) = B_{20;\,0,2}(4) = 0,2182$

$P(X \leq 1) = 0,0692$

$P(X \geq 2) = 1 - P(X \leq 1) = 1 - 0,0692 = 0,9308$

$P(2 \leq X \leq 6) = P(X \leq 6) - P(X \leq 1) = 0,9133 - 0,0692 = 0,8441$

c) $P(X = 25) = B_{200;\,0,05}(25) = 1,7 \cdot 10^{-5}$

$P(X \leq 1) = 4,04 \cdot 10^{-4}$

$P(20 < X < 45) = P(X \leq 44) - P(X \leq 20) = 1 - 0,9988 = 0,0012$

$P(10 \leq X < 15) = P(X \leq 14) - P(X \leq 9) = 0,92187 - 0,45471 = 0,46716$

2 a) Die Werte steigen an bis 1.

b) $P(X \leq 10) = 0,5881$

$P(6 \leq X \leq 12) = P(X \leq 12) - P(X \leq 5) = 0,8684 - 0,021 = 0,8474$

$P(X = 10) = 0,1762$ aus der Zeichnung: $P(X \leq 10) - P(X \leq 9)$

$P(X > 12) = 1 - P(X \leq 12) = 0,1316$

c) Kleinster k-Wert,so dass gilt: $P(X \leq k) > 0,90$: $k = 13$

3 a) $P(X = 2) \approx 0,68$ ist falsch. $P(X \leq 2) \approx 0,68$

b) $P(X \leq 3) \approx 0,87$ ist wahr.

c) $P(2 \leq X \leq 6) \approx 0,60$ ist wahr.

$P(2 \leq X \leq 6) = P(X \leq 6) - P(X \leq 1) \approx 1,0 - 0,4 = 0,60$

d) $P(X \geq 1) \approx 0,88$ ist wahr. $P(X \geq 1) = 1 - P(X = 0) \approx 1 - 0,1 = 0,9$

Lehrbuch Seite 183

4 Y: Anzahl der defekten Walzen in der Stichprobe; Y ist $B_{100;\,0,05}$- verteilt

$P(A) = P(Y \leq 2) = 0,1183$

$P(B) = P(Y \geq 3) = 1 - P(Y \leq 2) = 1 - 0,1183 = 0,8817$

$P(C) = P(4 \leq Y \leq 7) = P(Y \leq 7) - P(Y \leq 3) = 0,8720 - 0,2578 = 0,6142$

$P(D) = P(Y = 5) = 0,1800$

$P(E) = P(Y = 0) = 0,0059$

5 Bernoulli-Experiment: Entweder ist die Person Extremsportler oder nicht.

Es handelst sich um eine Bernoulli-Kette der Länge $n = 50$ mit $p = 0,02$.

X beschreibt die Anzahl der Extremsportler.

Lehrbuch Seite 183

5 Genau ein Extremsportler: $P(X = 1) = B_{50;\,0{,}02}(1) = 0{,}37160$

Kein Extremsportler: $P(X = 0) = B_{50;\,0{,}02}(0) = 0{,}36417$

6 $n = 5$; $p = 0{,}5$; X: Anzahl der Münzen, die Wappen zeigen.

a) $P(X = 3) = 0{,}3125$ b) $P(X = 0) = 0{,}03125$

c) $P(X \geq 1) = 1 - P(X = 0) = 0{,}96875$

7 a) Jedes Aufprallen einer Kugel auf eines der Hindernisse ist ein Bernoulli-Experiment. Es gibt genau zwei Ausgänge, nach links mit der Wahrscheinlich keit $p = \frac{1}{2}$ und nach rechts mit der Wahrscheinlichkeit $q = \frac{1}{2}$.

Die Länge der Bernoulli-Kette ist $n = 4$.

b) Um im Fach 3 zu landen, muss die Kugel einmal nach links und dreimal nach rechts abprallen. Dafür gibt es es $\binom{4}{3} = 4$ Möglichkeiten.

$P(\text{Kugel landet im Fach 3}) = B_{4;\,0{,}5}(3) = \binom{4}{3} \cdot 0{,}5^1 \cdot 0{,}5^3 = 0{,}25$

Es fallen 25 % der Kugeln in das Fach 3.

8 X sei die Anzahl fehlerhafter Handyschalen bei n Kontrollen. X ist $B_{n;\,0{,}1}$-verteilt

$P(X \geq 1) = 1 - P(X = 0) = 1 - 0{,}9^n \geq 0{,}9$

$$0{,}9^n \leq 0{,}1 \Leftrightarrow n \geq \frac{\ln(0{,}1)}{\ln(0{,}9)} = 21{,}85$$

Es müssen mindestens 22 Schalen überprüft werden.

Lehrbuch Seite 184

9 X: Anzahl der vorzeitig ausgefallenen Batterien

a) A: $n = 100$; $p = 0{,}2$ $P(A) = P(X < 25) = P(X \leq 24) = 0{,}8686$

B: $n = 50$; $p = 0{,}2$ $P(B) = P(X \leq 10) = 0{,}5836$

C: $n = 5$; $p = 0{,}2$ $P(C) = P(X \geq 2) = 1 - P(X \leq 1) = 1 - 0{,}7373 = 0{,}2627$

b) Unter 100 Batterien muss mindestens eine Batterie ausfallen.

$P(X \geq 1) = 1 - P(X = 0) \geq 0{,}99$, also $P(X = 0) < 0{,}01$

z. B. mit dem WTR: $p = 0{,}05$ Der Anteil muss mindestens 5 % betragen.

c) $n = 100$; $p = 0{,}05$

$P(4 \leq X \leq 8) = P(X \leq 8) - P(X \leq 3) = 0{,}9369 - 0{,}2578 = 0{,}6791$

Lehrbuch Seite 184

10 a) $B_{50;\,0{,}05}(2) = 0{,}261$

Die Wahrscheinlichkeit, dass unter 50 Lüsterklemmen genau zwei fehlerhaft sind, beträgt 0,261.

X: Anzahl der fehlerhaften Lüsterklemmen

$P(X > 3) = 1 - P(X \leq 3) = 1 - 0{,}7604 = 0{,}2396$

$P(X \leq 6) = 0{,}9882$

b) $P(X \geq 1) = 1 - P(X = 0) = 1 - \binom{n}{0} 0{,}05^0 \cdot 0{,}95^n \geq 0{,}90$

Ungleichung: $0{,}95^n \leq 0{,}1$

Gleichung: $0{,}95^n = 0{,}1$ für $n = \frac{\ln(0{,}1)}{\ln(0{,}95)} = 44{,}9$

auch mit WTR mit Log-Taste: n = 44,9

Stichprobenumfang mindestens 45

11 X: Anzahl der Personen, bei denen es nach der Einnahme zu Herzrasen führt.

$P(A) = P(X = 20) = B_{100;\,0{,}1}(20) = 0{,}00117$

$P(B) = P(X \leq 15) = 0{,}9601$

$P(C) = P(X \geq 16) = 1 - P(X \leq 15) = 1 - 0{,}9601 = 0{,}0399$

$P(D) = P(20 \leq X \leq 30) = P(X \leq 30) - P(X \leq 19) = 0{,}99999 - 0{,}99802 = 0{,}00197$

Lehrbuch Seite 190

1 a) $p = 0{,}5;\ n = 12:\ \mu = 6;\ \sigma = 1{,}73$

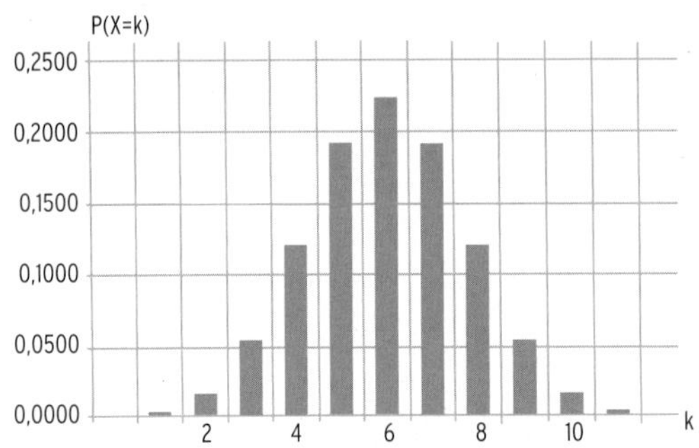

$p = 0{,}5;\ n = 20:\ \mu = 10;\ \sigma = 2{,}24$

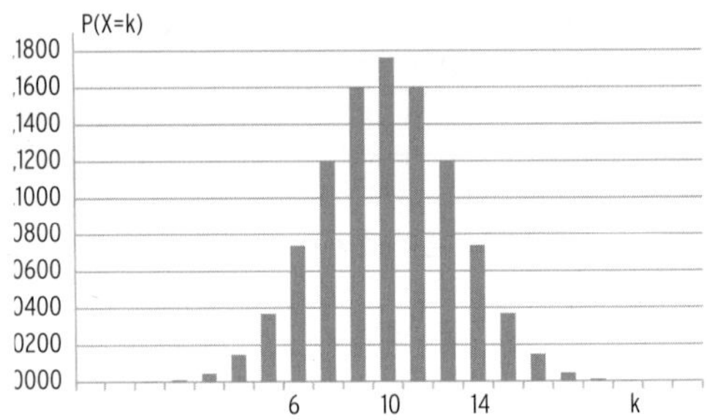

Größte Wahrscheinlichkeit

$P(X = 6) = 0{,}2256$

$P(X = 10) = 0{,}1762$

Lehrbuch Seite 190

1 b) $n = 50$; $p = 0{,}25$: $\mu = 12{,}5$; $\sigma = 3{,}06$

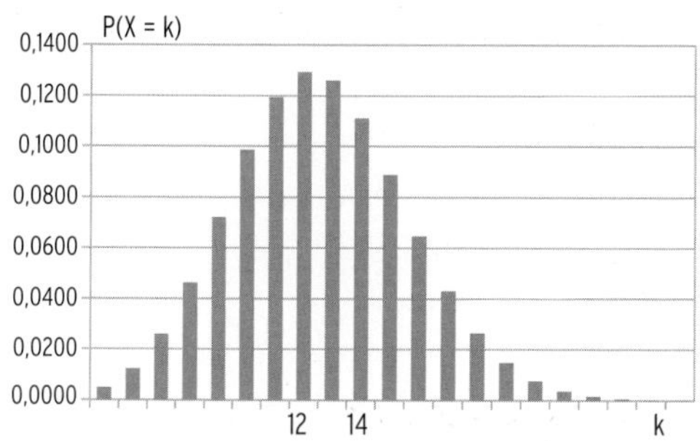

$n = 50$; $p = 0{,}1$: $\mu = 5$; $\sigma = 2{,}12$

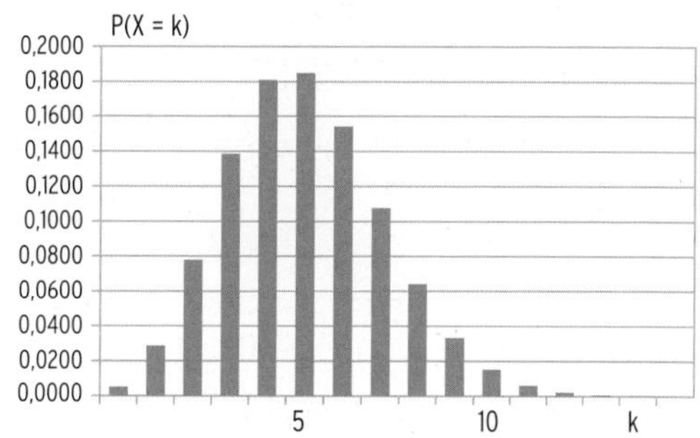

Größte Wahrscheinlichkeit

$P(X = 12) = 0{,}1294$; $P(X = 13) = 0{,}1261$

$P(X = 12)$ ist das Maximum

$P(X = 5) = 0{,}1849$

2 $\mu = 4$; $n = 8$; $p = 0{,}5$; Probe $P(X = 4) = 0{,}2734$

3 X: Anzahl der Extremsportler in einer Stichprobe vom Umfang $n = 100$ und $p = 0{,}02$

Erwartungswert $\mu = n \cdot p = 2$

Standardabweichung $\sigma = \sqrt{n \cdot p \cdot (1 - p)} = 1{,}4$

$P(0{,}6 \leq x \leq 3{,}4) = P(1 \leq x \leq 3) = 0{,}8590 - 0{,}1326 = 0{,}7264$

Die Wahrscheinlichkeit, dass unter 100 Personen 1, 2 oder 3 Extremsportler sind, beträgt 72,64 %.

X ist nicht normalverteilt.

Lehrbuch Seite 191

4 $\mu = 20$; $\sigma = 5$

Wegen $\sigma > 3$ ist X näherungsweise normalverteilt.

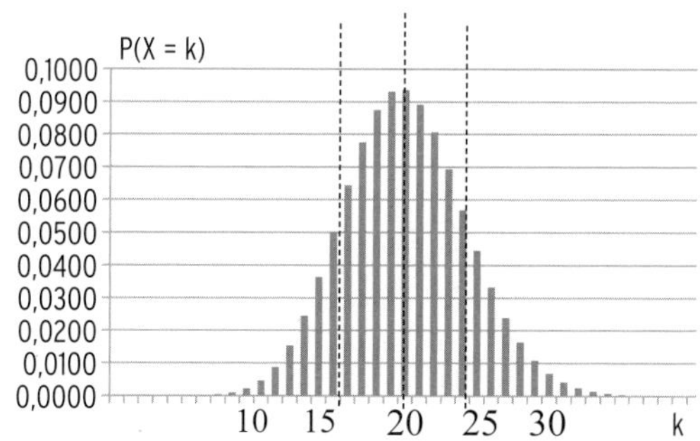

Lehrbuch Seite 191

5 X: Anzahl der defekten Dichtungen; X ist $B_{500;\,0{,}05}$-verteilt

$E(X) = 25;\ \sigma = \sqrt{n \cdot p \cdot (1-p)} = 4{,}87$

$P(20{,}13 \leq X \leq 29{,}87) = P(21 \leq X \leq 29) = 0{,}8235 - 0{,}1789 = 0{,}6446$

X ist $B_{50;\,0{,}05}$-verteilt;

$P(A) = P(X = 0) = 0{,}0769$

$P(B) = P(X \leq 3) = 0{,}7604$

$P(C) = P(X > 35) = 1 - P(X \leq 35) = 0$

$P(D) = P(4 \leq X \leq 6) = 0{,}9882 - 0{,}7604 = 0{,}2278$

6 X: Anzahl der befallenen Bienen; X ist $B_{n;\,\frac{1}{12}}$-verteilt

a) $P(X \geq 1) \geq 0{,}95$ ergibt $P(X = 0) \leq 0{,}05$; also $(\frac{11}{12})^n \leq 0{,}05$ für $n \geq 35$

b) $P(X = 0) = B_{35;\,\frac{1}{12}}(0) = (\frac{11}{12})^{35} = 0{,}05$

Hinweis: Die Wahrscheinlichkeit kann auch mithilfe des Gegenereignisses bestimmt werden. $P = (\frac{11}{12})^{35}$

Mit einer Wahrscheinlichkeit von 5 % hat er keine einzige befallene Biene gefangen.

c) $n = 35;\ \mu = E(X) = \frac{35}{12} \approx 2{,}92;\quad \sigma = \sqrt{n \cdot p \cdot (1 - p)} \approx 1{,}635$

7 a) Bestimmung von P(k-mal Wappen) z. B. mithilfe des WTR

Binomialverteilung: $B_{10;\,0{,}5}(k)$

Wk	$B_{10;\,0{,}5}(3) = 0{,}1172$	$B_{10;\,0{,}5}(4) = 0{,}2051$	$B_{10;\,0{,}5}(5) = 0{,}2461$	0,4316
b) Gewinn x_i	2,5	3,5	5	- 5
$P(X = x_i)$	0,1172	0,2051	0,2461	0,4316

X: Gewinn in €; $\mu = E(X) = 0{,}0834$

Bei 100 Spielen kann er mit einem Gewinn von 8,34 € rechnen.

Lehrbuch Seite 192

8 a) X: Anzahl der ausgefallenen Geräte; X ist binomialverteilt mit $n = 20$; $p = 0{,}1$

$\mu = E(X) = 2;\ P(X \leq 4) = 0{,}9568;\ P(X = 2) = 0{,}2852;\ P(X \leq 3) = 0{,}8670$

b) X: Anzahl der befragten Kunden mit CD-Brenner; Gesucht ist n ($p = 0{,}6$)

$P(X \geq 1) \geq 0{,}99$ ergibt $P(X = 0) \leq 0{,}01$;

$0{,}4^n \leq 0{,}01$ für $n \geq 6$

Lehrbuch Seite 192

9 Aus $\mu = n \cdot p = 5$ und $\sigma = \sqrt{n \cdot p \cdot (1 - p)} = \sqrt{5 \cdot (1 - p)} = 2$

ergibt sich: $n = 25$ und $p = \frac{1}{5}$

10 X: Anzahl der defekten Geräte; X ist $B_{100;\,0,05}$-verteilt

$P(X \leq 3) = 0{,}2578$

Um die Güte der Ware zu beurteilen, berechnet man jeweils den Mittelwert und die Standardabweichung.

$E(X) = n \cdot p = 100 \cdot 0{,}05 = 5$

$\sigma = \sqrt{n \cdot p \cdot (1 - p)} = \sqrt{100 \cdot 0{,}05 \cdot 0{,}95} = 2{,}18$

In einer Stichprobe vom Umfang n = 100 erwartet man 5 defekte Geräte.

Die Zahl der defekten Geräte liegt meistens zwischen 3 und 7 Geräten (68 %).

11 X: Anzahl der Tulpenzwiebeln, die zur Blüte kommen; X ist $B_{20;\,0,90}$-verteilt

$P(A) = P(X = 20) = 0{,}1216$

$P(B) = P(X \geq 15) = 1 - P(X \leq 14) = 1 - 0{,}0113 = 0{,}9887$

$\mu = E(X) = 18$; $P(C) = P(X < 18) = P(X \leq 17) = 0{,}3231$

12 a) X: Anzahl der regionalen Tageszeitungen; X ist $B_{20;\,0,75}$-verteilt

$P(X \geq 15) = 1 - P(X \leq 14) = 1 - 0{,}3828 = 0{,}6172$

b) Y: Anzahl der regionalen Tageszeitungen; Y ist $B_{100;\,0,75}$-verteilt

$\mu = E(Y) = 75$

c) $P(70 \leq Y \leq 80) = P(Y \leq 80) - P(Y \leq 69) = 0{,}7967$

Die Aussage ist falsch.

Lehrbuch Seite 196

1 a) $p = 0{,}5$; $n = 50$:

Erwartungswert $\mu = 25$ Standardabweichung $\sigma = 3{,}54$

maximale Wahrscheinlichkeit $P(X = 25) = 0{,}1123$

$P(22 \leq X \leq 28) = P(X \leq 28) - P(X \leq 21) = 0{,}8389 - 0{,}1611 = 0{,}6778$

$p = 0{,}5$; $n = 120$:

$\mu = 60$; $\sigma = 5{,}48$

maximale Wahrscheinlichkeit $P(X = 60) = 0{,}0727$

$P(55 \leq X \leq 65) = P(X \leq 65) - P(X \leq 54) = 0{,}8423 - 0{,}1577 = 0{,}6846$

6 Bohner u.a. ISBN 978-3-8120-3338-1

Lehrbuch Seite 196

1 b) $n = 50;\ p = \frac{1}{6}$:

$\mu = 8{,}333;\ \sigma = 2{,}64$

maximale Wahrscheinlichkeit $P(X = 8) = 0{,}1510;\ P(X = 9) = 0{,}1410$

$P(6 \leq X \leq 10) = P(X \leq 10) - P(X \leq 5) = 0{,}7986 - 0{,}1388 = 0{,}6598$

$n = 50;\ p = 0{,}3$:

$\mu = 15;\ \sigma = 3{,}24$

maximale Wahrscheinlichkeit $P(X = 15) = 0{,}1223$

$P(12 \leq X \leq 18) = P(X \leq 18) - P(X \leq 11) = 0{,}8594 - 0{,}1390 = 0{,}7204$

2 a) $p = 0{,}4;\ n = 40;\ \mu = 16;\ \sigma = 3{,}10$

$P(10 \leq X \leq 22) = P(X \leq 22) - P(X \leq 9) = 0{,}9811 - 0{,}0156 = 0{,}9655$

b) $n = 100;\ p = 0{,}8;\ \mu = 80;\ \sigma = 4$

$P(72 \leq X \leq 88) = P(X \leq 88) - P(X \leq 71) = 0{,}9874 - 0{,}0200 = 0{,}9674$

3 $n = 60$ und $p = 0{,}4;\ \mu = 24;\ \sigma = 3{,}79$

Wahrscheinlichkeit des 3σ-Intervalls

exakt: $P(13 \leq X \leq 35) = P(X \leq 35) - P(X \leq 12) = 0{,}9986 - 0{,}0008 = 0{,}9978$

mit der Sigmaregel: $P(\mu - 3\sigma \leq X \leq \mu + 3\sigma) \approx 99{,}7\ \%$

4 $p = 5\,\%;\ n = 200;\ \mu = 10;\ \sigma = 3{,}08$

$P(7 \leq X \leq 13) = P(X \leq 13) - P(X \leq 6) = 0{,}8701 - 0{,}1237 = 0{,}7464$

In etwa 74,6 % aller Stichproben vom Umfang 200 sind zwischen 7 und 13 defekte Lampen.

5 X ist $B_{500;\,0{,}1}$-verteilt; $\mu = 50;\ \sigma = 6{,}71$

σ-Umgebung um den Erwartungswert: $43{,}29 \leq X \leq 56{,}71$

ganzzahlig für die Binomialverteilung: $44 \leq X \leq 56$

95,4 % aller Treffer liegen etwa im 2σ-Intervall: $37 \leq X \leq 63$

Überprüfung: $P(37 \leq X \leq 63) = P(X \leq 63) - P(X \leq 36)$

$= 0{,}9749 - 0{,}0186 = 0{,}9563$

Lehrbuch Seite 196

6 $\mu = 120$; $\sigma = 6{,}93$

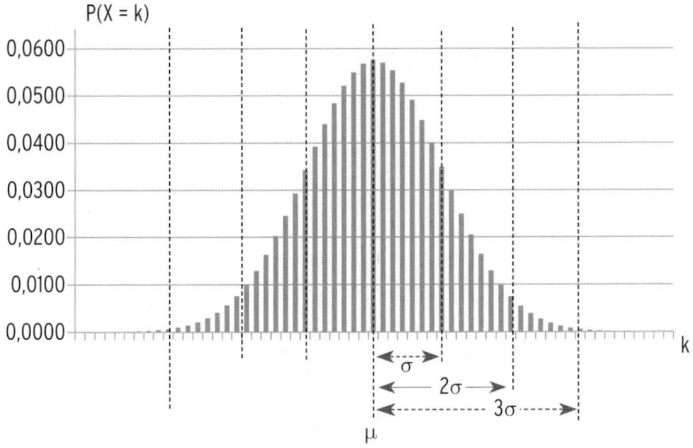

Lehrbuch Seite 197

7 X ist $B_{500;\,0{,}15}$-verteilt. $\mu = 75$; $\sigma = 7{,}98$

$[\mu - 2{,}58\sigma;\ \mu + 2{,}58\sigma] = [75 - 2{,}58 \cdot 7{,}98;\ 75 + 2{,}58 \cdot 7{,}98] = [54{,}41;\ 95{,}59]$

Die Wahrscheinlichkeit, dass die Anzahl der Treffer zwischen 55 und 95 liegt, beträgt 99 %.

Überprüfung: $P(55 \le X \le 95) = P(X \le 95) - P(X \le 54)$

$= 0{,}9937 - 0{,}0039 = 0{,}9898$

8 p = 5 % für mangelhafte Ware; n = 50

X: Anzahl der mangelhaften Prüfstücke

a) X ist binomialverteilt, da es nur zwei mögliche Ergebnisse gibt und man vom Experiment: Ziehen mit Zurücklegen ausgehen kann.

b) Erwartungswert $\mu = 2{,}5$ Standardabweichung $\sigma = 1{,}54$

c) $P(A) = P(X = 3) = 0{,}2199$ $P(B) = P(X \le 3) = 0{,}7604$

$\mu + \sigma = 4{,}04$; $\mu - \sigma = 0{,}96$;

$P(C) = P(1 \le X \le 4) = P(X \le 4) - P(X = 0) = 0{,}8964 - 0{,}0769 = 0{,}8195$

d) Bedingung für den kleinsten Stichprobenumfang n:

$P(X \ge 1) \ge 0{,}90$ ergibt $P(X = 0) \le 0{,}1$;

$0{,}95^n \le 0{,}1$ für $n \ge 45$

Lehrbuch Seite 197

9 p = 7,5 %; n = 116; X ist die Anzahl der aussortierten Module.

a) $P(E1) = P(X = 7) = 0{,}1269$

$P(E2) = P(X \leq 10) = 0{,}7469$

$P(E3) = P(6 \leq X \leq 9) = 0{,}6285 - 0{,}1253 = 0{,}5032$

b)

(1) Für k = 8 wird die Wahrscheinlichkeit P(X = k) maximal. wahr

$P(X = 8) = 0{,}1402$; $P(X = 9) = 0{,}1364$

(2) falsch

Aussage gilt nur, wenn E(X) = k eine natürliche Zahl ist.

(3) $P(X \geq 21) = 1 - P(X \leq 20) = 0$ Die Aussage ist falsch.

Trotz dieses Ergebnisses ist die Wahrscheinlichkeit nicht sicher

größer als 7,5 %.

Lehrbuch Seite 204

1 Vertrauensintervall für die Sicherheitswahrscheinlichkeit γ = 90 % : z = 1,64
Vertrauensintervall für γ = 95 %: z = 1,96

$$VI = \left[h - z\sqrt{\frac{h(1-h)}{n}};\ h - z\sqrt{\frac{h(1-h)}{n}}\right]$$

a) n = 50; k = 10; h = 0,2

$$\left[0{,}2 - 1{,}64\sqrt{\frac{0{,}2(1-0{,}2)}{50}};\ 0{,}2 + 1{,}64\sqrt{\frac{0{,}2(1-0{,}2)}{50}}\right] = [0{,}1072;\ 0{,}2928]$$

$$\left[0{,}2 - 1{,}96\sqrt{\frac{0{,}2(1-0{,}2)}{50}};\ 0{,}2 + 1{,}96\sqrt{\frac{0{,}2(1-0{,}2)}{50}}\right] = [0{,}0891;\ 0{,}3109]$$

b) n = 100; k = 60; h = 0,6

$$\left[0{,}6 - 1{,}64\sqrt{\frac{0{,}6(1-0{,}6)}{100}};\ 0{,}62 + 1{,}64\sqrt{\frac{0{,}6(1-0{,}6)}{100}}\right] = [0{,}5197;\ 0{,}6803]$$

$$\left[0{,}6 - 1{,}96\sqrt{\frac{0{,}6(1-0{,}6)}{100}};\ 0{,}6 + 1{,}96\sqrt{\frac{0{,}6(1-0{,}6)}{100}}\right] = [0,\ 5040;\ 0{,}6960]$$

c) n = 40; k = 20; h = 0,5

z = 1,64: VI = [0,3703; 0,6297]

z = 1,96: VI = [0,3450; 0,6550]

Lehrbuch Seite 204

2 $h = \frac{6}{100} = 0{,}06$; $n = 100$ $\gamma = 90\ \%$, also $z = 1{,}64$

VI = [0,0211; 0,0989]

$n = 250$; $p = 0{,}021$ mit $\mu = 5{,}25$

$n = 250$; $p = 0{,}0989$ mit $\mu = 24{,}73$

3 Schätzwert für p: h = 0,45

Mit n = 1350 und c = 1,96 folgt

VI = [0,4235; 0,4765]

bezogen auf die Grundgesamtheit von 45650 Wählern:

VI = [0,4235 · 45650; 0,4765 · 45650] = [19332,8; 21752,2]

Die Stichprobe lässt auf mindestens 19333 und höchstens 21752 Wahlberechtigte schließen, die Partei A wählen.

Lehrbuch Seite 205

4 Schätzwert für p: h = 0,44

Mit n = 1000 und z = 2 folgt VI = [0,4086; 0,4714]
Der regionale Stromversorger kann von einem Marktanteil von 40,9 % bis 47,1 % ausgehen.

5 Schätzwert für p: h = 0,074

Mit n = 1000 und z = 1,96 folgt VI = [0,0578; 0,0902]

8 % liegt im Vertrauenintervall, also kann weiter davon ausgegangen werden.

6 Schätzwert für p: $h = \frac{15}{250} = 0{,}06$

Mit n = 250 und z = 1,64 folgt VI = [0,0354; 0,0846]
3,5 % liegt nicht im Vertrauenintervall, die Herstellerangabe muss bezweifelt werden.

7 Schätzwert für p: $h = \frac{80}{200} = 0{,}4$

Mit n = 200 und z = 1,64 folgt VI = [0,3432; 0,4568]
Mit einer Wahrscheinlichkeit zwischen 34,3 % und 45,7 % gehört die Spezialschraube zur höchsten Qualitätsstufe.
Aussage ist falsch; da der Term unter der Wurzel gegen Null strebt, wenn n größer wird.
Aussage ist wahr; da der Faktor vor der Wurzel größer wird.

Lehrbuch Seite 205

8 Schätzwert für p: $h = \frac{70}{100} = 0{,}7$

Mit n = 100 und z = 2 folgt VI = [0,6083; 0,7917]

Zwischen 61 und 79 Patienten nehmen das Medikament regelmäßig ein.

Nein, man kann bei obigem Stichprobenergebnis nur davon ausgehen, dass bei einer Sicherheitswahrscheinlichkeit von 95,4 % zwischen 61 und 79 % aller Patienten das verordnete Medikament regelmäßig einnehmen.

Wenigstens würde auch bedeuten z. B. 85 %.

Lehrbuch Seite 206

9 Schätzwert für p: $h = \frac{26}{2450} = 0{,}0106$

Mit n = 2450 und z = 1,96 folgt

Vertrauensintervall für p: VI = [0,0065; 0,0147]

Vertrauensintervall für die Anzahl der fehlerhaften Prozessoren:

VI = [15,9; 36,0]
Diese Anzahl ist verträglich mit dem 95 %-Vertrauensintervall.

10 Schätzwert für p: $h = \frac{460}{1200} = 0{,}383$

Mit n = 1200 und z = 1,96 folgt

VI = [0,3555; 0,4105]

11 Schätzwert für p: $h = \frac{80}{140} = \frac{4}{7}$; 90 % entspricht z = 1,64

VI = [0,5028; 0,6400]

Er kann darauf vertrauen, dass zwischen 50,3 % und 64 % seiner Gäste zufrieden sind.

12 Schätzwert für p: $h = \frac{296}{865} = 0{,}342$

Mit n = 865 und z = 1,96 folgt

VI = [0,3104; 0,3736]

Lehrbuch Seite 206

13 5 % von 120 = 6

Es dürfen in der Stichprobe maximal 6 fehlerhafte Rechnungen entdeckt werden.

$h = \frac{4}{120} = \frac{1}{30}$; $n = 120$; $\gamma = 95\,\%$, also $z = 1{,}96$

VI = [0,0012; 0,065] entspricht den Anzahlen 0,14 also 1 und 7,8 also 8.

Ein bis 7 Rechnungen sind verträglich.

14 $n = 300$; $h = \frac{1}{4}$; $\gamma = 90\,\%$, also $z = 1{,}64$

VI = [0,2090; 0,2910]

$0{,}2090 \cdot 60 \cdot 3000 = 37620$; $0{,}2910 \cdot 60 \cdot 3000 = 52380$

Die Einnahmen liegen zwischen 37620 und 52380 €.

Lehrbuch Seite 208

1 a) $n \geq \frac{z^2}{d^2} = \frac{1{,}96^2}{0{,}08^2} = 600{,}25$; also $n \geq 601$

b) $n \geq 4\frac{z^2}{d^2}h(1-h) = 4 \cdot \frac{1{,}96^2}{0{,}08^2} \cdot 0{,}35 \cdot 0{,}65 = 546{,}2$; also $n \geq 547$

2 $d = 2 \cdot 0{,}02 = 0{,}04$; $n \geq 1681$

3 $n \geq 9604$

4 a) $n \geq 153664$ 25000 Wähler reichen nicht aus.

b) $n \geq 34667$ 25000 Wähler reichen nicht aus.

5 a) $h = 0{,}06$; $n = 200$; $\gamma = 99\,\%$, also $z = 2{,}58$

Vertrauensintervall für p: VI = [0,0167; 0,1033]

Vertrauensintervall für die defekten Batterien: VI = [4,26; 26,34]

Unter 255 Batterien sind zwischen 5 und 26 defekt.

b) $n \geq 136$

Anhang – Musterabitur

Teil 1 ohne Hilfsmittel

1 Analysis

1.1 $f'(x) = 1 \cdot \sin(x) + x \cdot \cos(x) = \sin(x) + x \cdot \cos(x)$

1.2 $f(x) = 2e^{4x} + \frac{3}{2}x^3 + 4x \Rightarrow F(x) = 0{,}5e^{4x} + \frac{3}{8}x^4 + 2x^2$

1.3 $f(x) = \cos(3x) + 1$ Periode von f : $\frac{2}{3}\pi$

Nullstelle von f: $f(x) = 0$ $\quad \cos(3x) = -1$ für $3x = \pi$, also $x = \frac{\pi}{3}$

1.4 Das Schaubild einer Polynomfunktion 4. Grades hat folgende Eigenschaften: Das Schaubild ist symmetrisch zur y-Achse; es verläuft durch (0 | – 2) und hat in (3 |– 3) eine waagrechte Tangente

1.5 $f(x) = -x^3 + 3x^2 - x - 4$; $f'(x) = -3x^2 + 6x - 1$; $f''(x) = -6x + 6$;

$f'''(x) = -6 \neq 0$

Wendepunkt: $f''(x) = 0$ für $x = 1$; $f'(1) = 2$; $f(1) = -3$

Wendepunkt W(1 I – 3)

Gleichung der Tangente: $y = 2x + b$

Mit $-3 = 2 + b$ folgt $b = -5$ und die Gleichung $y = 2x - 5$

1.6 $f(x) = -x^2 + 3$; $g(x) = 2x$

Schnittstellen: $f(x) = g(x)$ $\quad -x^2 + 3 = 2x$

$x^2 + 2x - 3 = 0$

Z. B. mit Formel: $\quad x = -3;\ x = 1$

Integration: $\int_{-3}^{1}(g(x) - f(x))dx = \int_{-3}^{1}(x^2 + 2x - 3)dx$

$= \left[\frac{1}{3}x^3 + x^2 - 3x\right]_{-3}^{1} = -10{,}67$

Inhalt der Fläche: 10,67

Teil 1 ohne Hilfsmittel

2 Stochastik

2.1 $P = 4 \cdot 0{,}5^3 \cdot 0{,}5^1 = \frac{1}{4}$

2.2 p = 5 % Gewinn; n = 14

2.2.1 Wahrscheinlichkeit,
dass zwei oder drei Gewinnlose unter 14 Losen sind

2.2.2 Wahrscheinlichkeit,
dass mindestens ein Gewinnlos unter 14 Losen ist

2.2.3 $14 \cdot 0{,}05 = 0{,}7$ Erwartungswert
Erwartete Anzahl von Gewinnlosen bei 14 Losen

Teil 2 mit Hilfsmittel

Analysis Aufgabe 1

1.1 K: $f(x) = \frac{1}{6}x^3 - 2x^2 + 6x$; $f'(x) = \frac{1}{2}x^2 - 4x + 6$; $f''(x) = x - 4$; $f'''(x) = 1$

1.1.1 Wendepunkt: $f''(x) = 0$ für $x = 4$; $W(4 \mid \frac{8}{3})$

Ursprungsgerade g: $y = \frac{2}{3}x$ schneidet K in $x = 0$ und in $x = 8$

Flächenstück: $\int_0^4 (\frac{2}{3}x - f(x))dx = \int_0^4 (-\frac{1}{6}x^3 + 2x^2 - \frac{16}{3}x)dx = -\frac{32}{3}$

Inhalt $A = \frac{32}{3}$

oder:

$\int_0^4 f(x)dx - \frac{1}{2} \cdot 4 \cdot \frac{8}{3} = 16 - \frac{16}{3} = \frac{32}{3}$

Hinweis:

Die Flächen 1 und 2 haben den gleichen Inhalt.

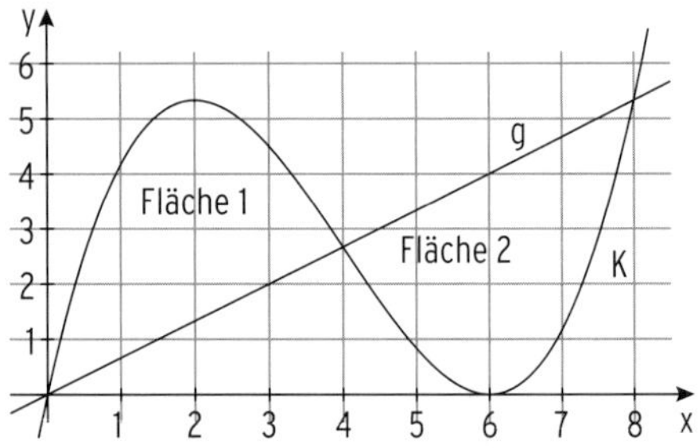

1.1.2 $h(x) = a \sin(kx)$; $|a|$ beschreibt die Amplitude und für $a < 0$ wird der Graph mit $y = \sin(kx)$ an der x-Achse gespiegelt.

Nullstellen von f : 0; 6

Nullstellen von h: $\sin(kx) = 0$ für $kx = 0;\ \pm\pi;\ \pm 2\pi; \ldots$

also für $x = 0;\ \pm\frac{\pi}{k};\ \pm\frac{2}{k}\pi; \ldots;$

$h'(x) = ak\cos(kx)$;

Bed. für k: $\frac{\pi}{k} = 6$ für $k = \frac{\pi}{6}$

Bed. für a: $h'(0) = 6 = ak\cos(0) = ak$ gemeinsame Tangente im Urspung

Einsetzen ergibt $a = \frac{36}{\pi}$ und damit $h(x) = \frac{36}{\pi}\sin(\frac{\pi}{6}x)$

1.2 A1: wahr; $x = 0$ ist eine Minimalstelle der Funktion k'.

A2: wahr; An der Stelle $x = -3$ wechselt $k'(x)$ das VZ von + nach −.

A3: wahr; $k'(0) = -3$

A4: wahr; $k'(x) < 0$ für $x > -3$.

Teil 2 mit Hilfsmittel

Anwendungsorientierte Analysis

Aufgabe 2

2.1 Messdaten im Koordinatensystem mit exponentieller Regressionskurve

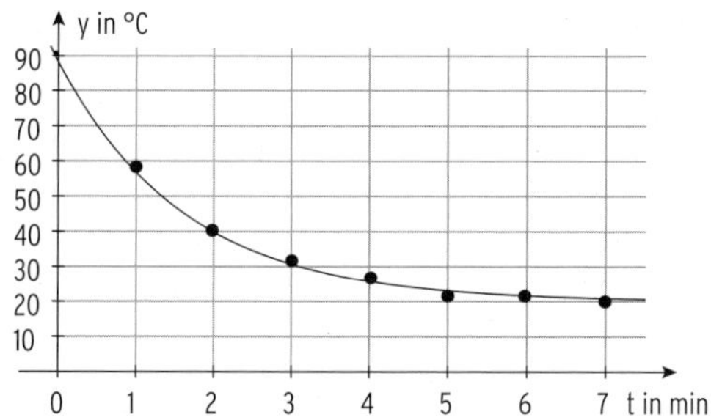

Da sich die Temperatur langsam der Zimmertemperatur angleicht, ist es für die exponentielle Regression nicht sinnvoll, mit dem Ansatz $y = ae^{kt}$ (einziger Ansatz im WTR) zu arbeiten. Stattdessen verschiebt man alle Werte m 20 nach unten, führt mit dem WTR die Regression durch und verschiebt die Regressionskurve anschließend wieder um 20 nach oben. Damit erhält man dann: $y = 68{,}229e^{-0{,}618t} + 20$ (durchgezogen gezeichnet).

2.2 Der Graph einer Polynomfunktion 2. Grades oder 4. Grades gibt den Verlauf eines Abkühlvorgangs nicht sinnvoll wieder, weil die Graphen im betrachteten Zeitraum wieder steigen. Das würde einer Wiedererwärmung entsprechen.

Der Graph einer Polynomfunktion 4. Grades gibt die Messwerte auf dem gegebenen Breich besser wieder, aber für größere Werte (für die Vorhersage) kann die Näherungsfunktion von Maike nicht verwendet werden.

Teil 2 mit Hilfsmittel

Anwendungsorientierte Analysis

Aufgabe 3

3 Gewinn in € : $G(x) = -x^3 + 6x^2 + 110x - 100$

3.1 $G(0) = -100$; $G(1) = 15$; $G(2) = 136$; ....; $G(12) = 356$; $G(13) = 147$; $G(14) = -128$

Nullstelle von G zwischen 0 und 1 bzw. 13 und 14.

Für $1 \leq x \leq 13$ gilt: $G(x) > 0$

Täglich können von einem und bis 13 Hektoliter ohne finanziellen Verlust abgefüllt und verkauft werden.

3.2 100 l = 1 hl

Erlös pro hl: $E(x) = 130x$

$G(x) = E(x) - K(x) \Leftrightarrow K(x) = E(x) - G(x)$; x in hl

Mit $E(x) = 130x$: $K(x) = 130x - (-x^3 + 6x^2 + 110x - 100)$

$K(x) = x^3 - 6x^2 + 20x + 100$

$K'(x) = 3x^2 - 12x + 20 = 0$ hat keine Lösung; $D = 12^2 - 240 = -104$

$K'(0) = 20 > 0$

K ist streng monoton wachsend und bei einer Abfüllmenge von x = 15 entstehen die höchsten Gesamtkosten ($K(15) = 2425$)

3.3 Die Stelle mit geringstem Kostenzuwachs ist die Wendestelle.

$K''(x) = 6x - 12 = 0$ für $x = 2$ $\quad K'''(x) = 6$

Produktionsmenge 2 Hektoliter

Teil 2 mit Hilfsmittel

Anwendungsorientierte Analysis

Aufgabe 4

4 Konzentration k (in mmol/l): $k(t) = t^3 - 18t^2 + 81t$ für $0 \leq t \leq 8$.

4.1 Konzentrationsverlauf.

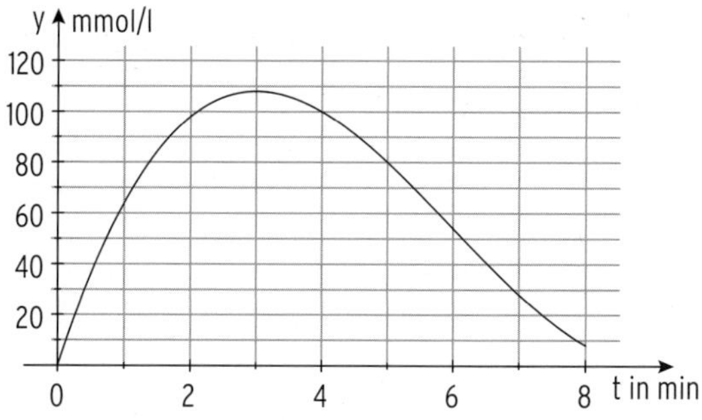

4.2 $k(t) = t^3 - 18t^2 + 81t$; $k'(t) = 3t^2 - 36t + 81$

$k''(t) = 6t - 36$; $k'''(t) = 6$

$k'(t) = 0$ $3t^2 - 36t + 81 = 0$ für $t = 3$ $(t = 9 > 8)$

$k''(3) = -18 < 0$; $t = 3$ ist Maximalstelle mit $k(3) = 108$

Die Konzentration wird maximal in $t = 3$ mit 108 mmol/l.

$k(4) = 100$; Bei 100 mmol/l beginnt man mit der NMR-Messung.

4.3 Wendestelle: $k''(t) = 6t - 36 = 0$ für $t = 6$

$k'(6) = -27$

Nach 6 Minuten fällt die Konzentration am schnellsten

Konzentrationsänderung: $-27 \frac{\text{mmol}}{\text{l} \cdot \text{min}}$

$\frac{1}{5}\int_0^5 k(t)\,dt = 83{,}75$

Die mittlere Konzentration während der ersten 5 Minuten beträgt 83,75 mmol/l.

Teil 3 mit Hilfsmittel

Stochastik

Aufgabe 1

1.1 - weder Busse noch Motorräder: $n = 12$; $p = 0,85$;
$P = 0,85^{12} = 0,142$
- genau drei LKWs: $n = 12$; $k = 3$; $p = 0,2$;
X: Anzahl der LKWs
$P(X = 3) = 0,2362$
- höchstens ein Motorrad: $n = 12$; $k \leq 1$; $p = 0,05$;
Y: Anzahl der Motorräder
$P(Y \leq 1) = 0,8816$
- mindestens zehn PKWs: $n = 12$; $k \geq 10$; $p = 0,65$;
Z: Anzahl der PKWs
$P(Z \geq 10) = 1 - P(Z \leq 9) = 1 - 0,8487 = 0,1513$

1.2 X: Anzahl der Busse; $p = 0,1$;
$P(X \geq 1) \geq 0,92$ ergibt $0,9^n \leq 0,08$
$n \geq 24$
Es müssen mindestens 24 Fahrzeuge vorbeifahren.

1.3 X: Anzahl der PKWs ; X ist $B_{20;\,0,65}$-verteilt
$\mu = 13$; $\sigma = 2,13$
$\mu + \sigma = 15,13$; $\mu - \sigma = 10,87$
Ganzzahlige Werte: 11; ... ; 15

$P(11 \leq X \leq 15) = P(X \leq 15) - P(X \leq 10) = 0,8818 - 0,1218 = 0,7600$

Teil 3 mit Hilfsmittel

Stochastik

Aufgabe 2

2.1 Baumdiagramm:

einwandfrei: e

fehlerhaft: f

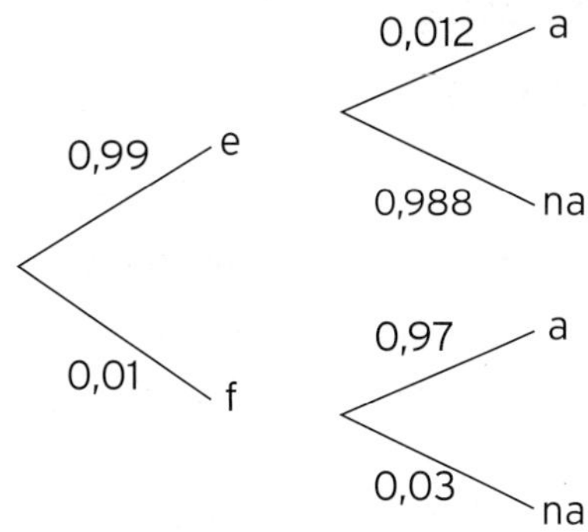

aussortiert: a;

nicht aussortiert: na

$P(a) = 0{,}99 \cdot 0{,}012 + 0{,}01 \cdot 0{,}97 = 0{,}02158$

Etwa 2,2 Prozent der Fernsehgeräte werden aussortiert.

2.2 $P(\text{nicht aussortiert}) = 0{,}99 \cdot 0{,}988 + 0{,}01 \cdot 0{,}03 = 0{,}9784$

$P_{\text{nicht aussortiert}}(\text{fehlerhaft}) = P_{na}(f) = \frac{0{,}01 \cdot 0{,}03}{0{,}9784} = 0{,}0003$

Mit einer Wahrscheinlichkeit von 0,03 % ist es fehlerhaft.

2.3 200 nicht kontrollierte Fernsehgeräte, also $P(f) = 0{,}01$

$E = 0{,}01 \cdot 200 = 2$

Der Restpostenmarkt rechnet mit 2 defekten Geräten.

X ist binomialverteilt mit $n = 200$; $p = 0{,}01$

$P(X \leq 3) = 0{,}858$

Die Wahrscheinlichkeit, dass höchstens 3 Geräte defekt ist, ist 85,8 %.

2.4 Schätzwert für $p = \frac{4}{180} = \frac{1}{45} \approx 0{,}022$

Vertrauensintervall für p zum Konfidenzniveau 95 %: $z = 1{,}96$

$$VI = \left[0{,}022 - 1{,}96\sqrt{\frac{0{,}022(1-0{,}022)}{180}}\,;\ 0{,}022 - 1{,}96\sqrt{\frac{0{,}022(1-0{,}022)}{180}}\right]$$

$$= [0{,}00057;\ 0{,}04343]$$